그녀 옆 그녀

동글아미 6인 수필집

김정희 민현옥
임옥진 정순인
주기영 홍현숙

한국산문

동글아미 글동무들

임헌영(문학평론가)

　내가 현대백화점 본점인 압구정점의 문화센터로부터 문학강좌 의뢰를 받은 게 지천명知天命에 들어섰던 1993년이었으니 올해 검정 토끼의 계묘년으로 어언 30여 성상을 맞는다. 돌이켜 보면 천명은커녕 아명我命도 모르던 만용으로 강남 귀부인들을 '문학의 해방구'로 초치한 게 오늘의 월간 『한국산문』의 씨앗이 되었다.
　초기 파종에 참여했던 문사들 중 오랜 세파에도 여전히 우아한 자태로 창작을 지속하고 있는 경우가 적지 않은데, 그중 아예 글동무 '동글아미'로 뭉쳐 후진들에게 동인활동의 시범을 보인 것이 바로 이 수필집의 주인공들이다.

　한국산문작가협회 회원 중 첫 등단자로 테이프를 끊었던 김정희(1996년)부터, 정순인(1998년), 주기영(1999년), 민현옥(1999년), 홍현숙(2000년), 임옥진(2001년)으로 이뤄진 동글아미는 이제 해를 거듭하면서 그 삶의 숙성도가 작품의 나이테 속에 조화롭게 새겨져 있다.
　저마다의 개성과 가정환경과 문화적인 편차에도 불구하고 이들은 우정의 결사대처럼 넓은 공감대를 형성하여 중년 이후의 정신적인 연대감으로 다져져 있다. 이들과 한자리에 어우러지면 저 30여 년간 쌓아온 추억의 다발들이 줄줄이 이어져 가히 천일야사처럼 시간 가는 줄 모르게 된다. 아, 추억이란 이토록 아름다운 인생의 보배다. 그러나 아무리 애틋한 보배라도 오늘 한자리에서 함께 풀어낼 때라야 가치가 있을 것이다. 공유해야 더 빛나는 게 추억의 특징이다. 혼자만 간직한 채 영원히 묻어버리는 건 가슴앓이지 추억이 못 된다. 그건 우리의 삶 속에서 행복한 한 장면을 삭제시켜 버리는 것처럼 아쉽다.

안타까운 건 새댁으로 만났던 이들에게도 세월은 예외를 두지 않아 마님으로 승격시킨 거라 하겠으나, 내가 그들보다 한 세대 앞서서 늙어보니 남자는 고물이 될수록 값이 떨어지나 여자는 오히려 그 반대임을 절감하기에 지금부터가 최고 입찰가로 항진하는 황금의 절정기임을 상기시켜 주고 싶다.

이를 입증해 준 건 문호 괴테다. 그가 아내 크리스티아네를 잃은 건 명성과 권세와 재산을 두루 다 이룬 67세 때였다. 요즘 말로 하면 화장실에서 남몰래 웃을 정도로 그는 매사에 자신이 있었지만, "내 생애에서 얻은 것이라고는 고작 / 부인을 잃고 흘리는 눈물뿐이라"고 호소했다.

여성에게 세월이란 모성애가 무르익어 그런 가치관으로 세상에 평화와 사랑의 복음을 전파해줄 자격증을 얻는 것이다. 아니, 그 자격증의 급수가 여성에게는 연륜이 늘어날수록 더 승진하는 것이다.

그러니 동글아미 동인들이여, 이제 그대들의 몸값이 나날이 오르듯이 글값도 상승할 때이니 더욱 분발하시기를!

차례

추천사　　임헌영

공동 테마
그 여자가 사는 법

010　산초의 아내로 사는 법 / 김정희

013　꿈꾸는 샹들리에 / 민현옥

016　언젠가 다시 / 임옥진

019　요즘 나는 이렇게 산다 / 정순인

022　프란체스카는 행복했을까 / 주기영

025　사.서.고.생. / 홍현숙

개인 테마

030   신앙, 끄트머리에 서다 / 홍현숙

050   그리움에 갇힌 이름, 엄마! / 주기영

076   삶 너머 삶 / 정순인

096   지난날의 수다 / 임옥진

124   그곳에서 부르는 노래 / 민현옥

148   늙음, 명랑하게 견디기 / 김정희

공동 테마

그 여자가 사는 법

- 산초의 아내로 사는 법 / 김정희

- 꿈꾸는 샹들리에 / 민현옥

- 언젠가 다시 / 임옥진

- 요즘 나는 이렇게 산다 / 정순인

- 프란체스카는 행복했을까 / 주기영

- 사.서.고.생. / 홍현숙

산초의 아내로 사는 법

김정희

산초의 꿈은 섬 영지의 통치자가 되는 것이다. 가는 곳마다 두들겨 맞고 문전박대로 고행길이지만 그 동행의 대가로 섬 왕국을 통치하게 해주겠다는 돈키호테의 약속을 굳게 믿는다. 세상 사람들이 손가락질하는 미치광이 편력 기사를 따라 험난한 여정을 떠나는 산초에게 아내 테레사는 말했다.

"편력 기사의 시종들은 그저 공짜로 밥을 먹고 사는 게 아니라던데요. 그러니 난 그런 불행에서 한시바삐 당신을 꺼내달라고 주님께 기도하고 있을 거라고요. (…) 혀에 종기가 있는 닭이라도 살아있어야 하듯 당신도 살아있어야 해요. (…)"

불안해하는 아내의 조바심을 달래듯 산초가 말했다. "나중에 통치할 영지를 갖게 되면 두 딸을 백작 부인으로 만들겠다"고. 그 말에 테레사는 대답했다.

"나막신 신던 애한테 우아한 부인용 슬리퍼를 신기고, 거무칙칙하고 거친 천으로 된 치마 대신에 치마를 부풀리는 속옷에 부인용 실크 겉옷을 입히고, '마리카냐'나 '너'라고 부르던 애를 '도냐 아무개'나 '마님'이라고 부르면 그 애는 어쩔 줄을 몰라 매번 수천 가지 실수나 저지르고 말 거라고요! (…)"

미천한 출신은 파리목숨이던 암울한 시대에 수단과 방법을 가리지 않고 신분 상승을 꾀하던 당시 세태를 미루어 볼 때 테레사의 결혼관은 꽤나 진보적이다.

'실을 자을 줄은 알지만 글은 전혀 읽을 줄 모른다'며 남편의 편지를 읽어줄 사람을 찾는 까막눈이지만 산초 못지않게 테레사의 유니크한 인생관은 작품 속에서 빛난다.

꿈에도 그리던 섬의 통치자가 되었을 때 그 기쁨을 알리는 산초의 편지를 받고, 남편의 직위에 누가 되지 않는 아내의 내조에 대해서 그녀 나름대로 구상하고 고민한다. '얼른 그곳에 가서 마차를 타고 돌아다니면서 당신 체면을 세워주려고 노력할 거'라고. 그리고 '당신이 통치자가 돼서 이제 딸이 시집갈 때 혼수를 장만할 돈 걱정은 하지 않아도 돼서 좋다'는 등 소박한 아낙네의 꿈이 실린 답장을 보낸다.

음모와 조롱으로 점철된 가짜 섬 왕국의 통치에 실패하고 초췌한 몰골로 돌아온 산초를 맞이하는 테레사의 반응이 초긍정적이다. 궁색한 변명과 함께 '돈 벌어 왔다'고 허세를 부리는 산초에게 말했다.

"돈을 가지고 왔다니, 사랑하는 내 여보. 여기저기서 벌었을 텐데 어떻게 벌든 난 상관없어요. 이 세상에 없는 새로운 방법으로 번 건 아닐 테니 말이에요."

둘시네아가 마법에서 풀려나려면 산초가 채찍질로 3,300대의 매를 맞아야 한다는 공작 부부의 거짓말에 속아서 돈키호테는 거금을 지불하는 조건으로 산초를 설득한다. 집으로 돌아오는 여정 내내 약삭빠른 산초가 가짜로 매질의 횟수를 늘리며 번 돈을 테레사에게 건네준 것이다.

내가 만약에 테레사라면, "섬의 통치자가 되어서 호강시켜 준다더니! 어딜 기어들어 와!"라고 했을 것만 같다. 산초를 키운 8할은 테레사의 '남편 기氣 세워주기'라는 생각이 든다.

먹보 산초는 자기 아내가 '소금에 절인 돼지고기를 기가 막히게 잘 만드는 여자'라고 자랑한다. 포도주와 음식에 대한 식탐 탓에 여행길 내내 곤욕을 치르는 산초에게 아내는 '돌아갈 집과 그리움' 그 자체였다. 산초 같은 남편과 테레사 같은 아내, 이 순도 높은 커플의 캐릭터를 만든 세르반테스에게 경의를 표한다.

꿈꾸는 샹들리에

민현옥

　버스킹busking을 한다. 유럽 어느 유서 깊은 도시의 거리에서 우리나라 가수 몇몇이. 반주에 맞춰 흐르는 바람처럼 리듬을 탄다. 소수의 관객이지만 감동이 전해지고 환호한다. 나도 그 거리의 관객인 듯 빠져든다.
　온 지구를 뒤덮은 코로나시국, 우리나라 확진자 수치가 꼭짓점을 찍을 때 나도 밀접접촉자로 또 확진자로 격리에 들어갔다. 감기 몸살처럼 아프다가 증세가 나아지니까 자유롭던 날이 그리워 여행 다큐도 보고 몇 년 지난 유튜브 해외 거리공연을 봤다.
　맑은 목소리의 가수 박정현이 부르는 「샹들리에」. 유럽의 거리에서 부른 이 노래에 마음이 멈췄다. 이 동영상 유튜브 조회수가 1,500만이 넘어있다. 오늘 밤 내가 몇 번의 뷰를 더 보탠다. 이 노래를 부른 원조, 호주 가수 시아Sia의 목소리로 또 들어본다. 굉장한 수치 24억 뷰다.
　시이의 히스키 보이스가 우울한 감정의 밑바닥을 긁는 듯하고 날카로운 고음은 절규에 가깝다. 샹들리에 파티, 호주에서는 난잡한 파티라는 말도 있다는데 달관한 듯 부르는 노래를 듣고 또 들었다. 이미 우리에게는 향수 광고 삽입곡으로 익숙한 노래다.

    I'm gonna swing from the chandelier…
    샹들리에를 타고 놀 거야 / 마치 내일이 없는 것처럼 술을 마시고 / 밤하늘을 가로지르는 새처럼 날 거야 / 내 눈물이 마르는 걸 느끼며 / 샹들리에를 타고 놀 거야…

비엔나 프라터 공원에서 공중그네를 탔다. 기다란 그네 줄이 서서히 움직이고 내 발이 땅에서 멀어지니 시야도 높아졌다. 점점 속도가 빨라졌고 멀리까지 볼 수 있는 그네는 이곳 밤 풍경을 품으며 회전했다.

그네 위 그날의 비엔나 밤 풍경은 나의 샹들리에였다. 도시의 불빛 하나하나가 가끔은 긴장되고 움츠러들었던 내게 쉼표 같은 여유를 느끼게 해주었다. 마음이 따뜻해지고 코끝이 시큰해졌다. 지구 밖으로 튕겨져 나갈듯한 빠른 회전의 속도만큼 더 팽팽하게 잡아당기는 내 몸무게만큼의 중력에 안도감을 느꼈다. 잘하자, 잘해주자. 내게 하고픈 말도 이런 찰나의 시간에 속삭여 봤다. 잠시 눈을 감았다 떴을 때 불빛이 굵은 빗줄기 모양으로 내리긋는다. 감상의 여유는 금세 사라지고 두려움에 소리를 질러댄 기억이다.

어느 곳도 갈 수 없고 누구도 만나지 못하는 이때 나의 마음은 더 멀리 더 높이 날고, 나의 상상력은 자꾸만 확장되어 간다. 거리공연을 하는 유럽의 어느 도시를 거쳐 비엔나 공원 그네를 탄 그 밤의 불빛으로 만난다. 지난 기억 속의 날들은 빛을 품고 있다. 그래서 추억하면 반짝반짝 빛이 난다. 자유가 없어진 상념 깊은 어느 하루, 문득 샹들리에 불빛 같은 날들이 꿈결처럼 아련하게 다가왔다.

오늘, 유럽의 거리에서 여행자로 만난 듯 박정현 목소리로 다시 들어본다.

I'm gonna swing from the chandelier…

언젠가 다시

임옥진

충전이란 게 휴대전화에만 필요한 것이 아니었다. 시간만 나면 냉장고며 옷장이며 좌우간 무언가를 치우고 정리하면서 하루해를 보내고 내 뜻과는 상관없이 번다한 잡사에 휘둘리며 돌아가는 일상에 짜증만 늘었다. 오롯이 아주 오롯이 나만의 시간을 갖고 싶었.

요양병원에 입원 중인 엄마의 아파트는 몇 달째 비어 있었다. 사람들 사이에 있는 섬. 내게는 엄마의 아파트가 섬이었다. 책과 옷가지와 노트북을 챙겨 춘천 그 섬으로 갔다. 그곳에서 졸리면 잠자고 배고프면 먹고 커피를 마시며 그렇게 맘껏 늘어지리라. 쓰다 만 글도 정리를 좀 하리라. 그곳으로 가기만 하면 모든 것이 바라는 대로 될 것이라 믿었다.

현관을 열고 들어가니 빈집에 고여 있던 냉기가 코끝에 스쳤다. 집 안의 온기는 사람에게서 매일매일 벽지에 옷장에 싱크대에 스며드는 모양이었다. 베란다의 문을 있는 대로 열어젖혔다. 밖의 공기가 밀려들어 왔다. 전화기는 사용이 중지되어 있었고, TV도 코드가 뽑혀 있었다. 이제 혼자만의 세상이다.

　식탁 위 작은 바구니에 가득 담겨 있는 약봉지, 엄마의 약이었다. 식전에, 식사하다가, 식후에, 어지러울 때, 자기 전에……. 일일이 적어 놓은 복용법을 읽으며 양말을 벗으려다 보니 발바닥이 마치 숯덩이를 밟고 돌아다닌 듯했다. 헉! 잠깐 왔다 갔다 했을 뿐인데. 오래 집을 비울 때 왜 소파나 피아노에 천을 씌워 놓는지 그제야 이해가 됐다. 온 집 안이 숯 같은 먼지가 쌓였다는 이 현실에 거실 한가운데 서서 잠시 망연했다. 청소하러 온 게 아닌데. 청소는 시작도 하지 않았는데 온몸의 기운이 방전되는 느낌이었다. 호텔 모텔 여관? 필름이 돌아가듯 여러 생각이 떠올랐지만, 사람을 상대해야 한다는 일이 성가셨다. 4일간 전화도 하지 말라고 통고하고 나왔으니 하루도 지나지 않아 집으로 돌아간다는 건 자존심 문제였다.

　소파에 궁둥이도 붙이지 못하고 화장실 슬리퍼를 닦아 신고 나왔다. 일단 청소기를 돌리고, 휴지와 행주로 식탁을 닦고, 걸레를 빨아 식탁 의자는 하나만, 소파도 앉을 방석 하나만 털고, 늘어지는 데는 최고인 소파에는 아쉽지만 눕지 않기로 한다. 침대에 있던 이불은 행여 먼지 날릴까 조심스레 접어서 방 한구석에 놓고 이불장에서 새 이불과 커버를 꺼내 밖에 나가 털어 깔고. 먼지가 일어나는 걸 최소화하기 위해 천천히 그리고 살살 움직이기로 생각을 굴렸다. 일을 끝냈다. 그러고 나니 배가 고팠다. 먹을 것을 찾았다. 없었다, 아무것도. 기본적인 그것도 생각하지 않은 한심한 탈출이었다. 엄마가 있을 때 했던 그대로 덜렁덜렁 빈손으로 엄마 집에 온 것이다. 유일하게 전기가 돌아가는 냉장고 김치 통엔 골마지가 끼고 물러진 김치뿐이었다. 식당은 끝났을 것 같고 체력은 바닥이다. 근처 슈퍼에서 대충 먹을 것을 샀다. 라면을 사고 김치와 햇반을 사고 달걀과 맥주를 샀다. 물이 끓기를 기다리며 내일을 생각해야 했다. 거울에게 물어볼까? '거울아, 거울아! 어떻게 해야 좋겠니?' 하고.

생각한 대로 늘어지게 잠을 자고 책을 읽었다. 총떡과 전과 콩나물국밥을 맛있게 하는 곳을 알고 있었기에 사다 놓고는 먹고 싶을 때 먹으면서 보내니 여기보다 좋은 곳이 있을까 싶었다. 이틀이 지났다.

먹는 일이 스트레스였다. 산다는 것이 스트레스임을 새삼 깨닫는다. 집에 내 빈자리, 잘 먹고 잘 보내고 있는지도 문득 궁금하다. 어휴~ 가자 가자 가자/집으로 가자/달 조각은 없지만/집으로 가자. 나는 윤동주의 「반딧불」을 변형하여 읊조리며 짐을 쌌다. 언제가 다시 또 섬을 찾을 것이라 위안하면서. 그땐 혼자 꼭 가보고 싶은 봉양리의 오래된 뽕나무가 있는 그 집이 좋겠다고 점도 미리 찍는다.

요즘 나는 이렇게 산다

정순인

구두를 맞추려고 성수동 수제화 거리에 갔다. 자자했던 소문과 다르다. 찾기 쉽거나 번듯한 곳은 다른 업종이다.

수제화 상점은 골목길에 드문드문 있다. 눈을 크게 뜨고 간판을 찾아야만 보인다. 유리 진열장에서 각각의 개성을 뽐내는 구두 상점이 줄지어 있으리라 생각했던 것과는 딴판이다. 수제화 거리라는 말이 무색하다.

한 곳에 들어갔다. 볼만한 구두가 없다. 신고 있던 구두랑 비슷한 디자인으로 그냥 맞췄다. 이탈리아 최고 품질의 송아지 가죽으로 만들며 자신이 특허받은 재료도 있다는 사장님 말이 결정타다. 구두가 잘 못 나왔을 경우 환급은 안 돼도 마음에 들 때까지 만들어 줄 수 있단다. 가봉까지 한다니 이쯤이면 걱정할 게 없다. 상점을 찾기 위해 이 골목 저 골목 다녀봐야 변수 없을 거라는 생각이 든 점도 있다. 최고급이라는 말에 일반적인 맞춤 가격보다 훨씬 비싼 돈을 냈다.

남자다운 게 무엇인지 정리가 안 되는 나이쯤이었다. 일본 전국시대에 통일의 기반을 다진 무장, 오다 노부나가(1534~1582)를 좋아했다. 불과 물의 성격을 적재적소에 드러내며, 대망大望을 위해 직진하는 그의 일대기를 읽고 반했다. 그 무렵에는 영화도 정의와 불의가 선명한 걸 즐겨 봤다. 중년이 되어서도 거의 변하지 않았다. 보편타당성을 따졌다. 해야 할 짓과 안 해야 할 짓에 선 긋기를 종종 했다. 말하면 말한 대로 해야 직성이 풀렸다.

구두가 택배로 왔다. 가봉할 때 불편한 점을 말했기에 완성품은 집에서 받기로 해서다.

포장을 열었다. 굽이 높다. 몸체가 투박하다. 내가 소유한 신발들과 비교하면 항공모함이라 해도 되겠다. 원했던 것보다 굽이 2cm 높다. 발 치수를 잴 때 높이를 말했다. 필요한 치수는 사장님이 모두 발 본에 썼다. 그런데 웬걸. 가봉할 때와 다르게 나왔다. 이 정도로 높으면 걸을 때 몹시 불안하다. 전화했다. 이런 점 저런 면을 말했더니 여사님이 까다롭단다. 굽이 높아진 건 발바닥 닿는 면을 편하게 하려고 윗부분을 푹신한 재질로 만들어서 그런 거라 한다. 그렇다면 치수는 왜 쟀냐고 밑창과 발바닥 창이 합해져서 구두 굽 높이가 나오는 거 아니냐고 말하고 싶었지만 목소리가 되어 나오진 않았다. 투박한 모양이 된 것은 가봉할 때 아무 말이 없었기에 그대로 만들었단다. 내 탓인 거다.

구둣방을 떠올렸다. 번듯하지 않았다. 구두를 신어봤다. 다행히 가죽은 부드럽다. 위험해서 외출할 때는 못 신겠지만 동네에서 짧은 거리는 걸을 수 있겠다. 만들어 준 대로 신고, 까다로운 여사님이 되지 않기로 마음먹었다.

요즘 나는 이렇게 산다.

따지는 게 귀찮은 건지, 무서운 건지, 정당한 결말이 늘 나오는 사회가 아니라는 걸 이제는 알게 돼서 그런 건지, 그것은 나도 모르겠다.

하지만, 마음은 적재적소 용감하게 행동하는 오다 노부나가가 지금도 좋다.

프란체스카는 행복했을까

주기영

　여자는 나흘 동안 행복했을까. 그녀는 로버트 제임스 월러의 소설 『매디슨 카운티의 다리』의 '프란체스카'다. 마흔다섯 살 농부의 아내와 잡지에 실을 사진을 찍기 위해 세상을 떠돌다 시골 동네에 나타난 쉰둘의 남자 킨케이드. 그녀와 그의 뻔한(?) 이야기는 소설뿐만 아니라, 영화로 뮤지컬로 끊임없이 소진되었다. 그야말로 탈탈 털렸다. 달고 씹기 좋은 껌처럼 남김없이.

　그런데도 소설 속에서 프란체스카가 삶을 마무리하며 자녀에게 남긴 편지 속 고백은 결코 달콤하게 들리지 않는다. '나흘 동안 그는 내게 우주를 주었고, 조각난 내 부분들을 온전한 하나로 만들어 주었어.'와 '나는 내 가족에게 인생을 주었고, 그에게는 내게 남은 것을 주었다.'는 다른 듯 닮은 이야기.

　여자는 함께 떠나자는 남자를 따르지 않았다. 나흘 이후의 22년 동안, 가족과 일상을 살며 남자를 그리워했다. 배경이 된 1960년대 미국

아이오와주 매디슨 카운티라는 시골 마을과 책이 출간된 1992년의 간극은 그나마 프란체스카의 '선택' 덕분에 채워졌을까. 이별이라는 선택이 없었다면, 마지막 순간 남편 곁이 아닌 그의 곁에 잠들게 해달라는 그녀의 유언은 아무런 힘을 얻지 못할 테니까.

책이 나온 지 30년이 됐지만, 프란체스카가 그래도 기억 속에 남아 있는 건 소설 속 한 장면 때문이다. 첫 만남 후, 그가 다시 사진 작업을 하러 다리에 올 것을 안 그녀는 이렇게 쪽지를 써서 붙여놓는다. 남자가 잘 볼 수 있도록.
'흰 나방이 날갯짓을 할 무렵 저녁 식사를 하고 싶으면 오늘 밤 들르세요.'
흔한 유혹도 도발도 아니다. 바람을 닮은 남자에게 5초 만에 반하고, 그를 만나 잃었던 꿈을 찾고, 그와 춤추며 다시 여자가 되었다는 그녀 말고. 이탈리아 여자가 군인인 남편을 만나 미국으로 따라와 자신이 원하는 것이 무엇인지 외면하며 살아가던 아내도 말고.
그녀는 이제 자기 삶이 완전히 달라질 것을 알아챘으리라. 쪽지를 붙이기 위해 로즈먼 다리를 향해 달려 나가던 숨찬 뜀박질이 가져올 결과를.
그러니 그녀의 삶에 굳이 사랑이라는 말을 덧씌우거나, 사랑은 가슴에 묻고 어쩌고 하며 포장하지 말 일이다. 내가 어디에서 무엇을 통해

에너지를 얻는 '사람'인지 알고, 그저 묵묵히 '지금'을 살아내는 것이 타죽을 열정보다 더 깊고 길게 지속되리라는 것을 쉰이 다 된 여자가 모르지 않았을 테니까. 그녀에게 살아낸다는 것은 지킨다는 것과 다르지 않았으리라.

미국에 온 김에 한국에서는 절판된 소설 구판이 궁금해졌다. 주문한 책이 도착했다. 개정판 표지에서는 사라진 다리의 빨간 지붕. 구판 표지에는 빨간색이 세월만큼 흐릿하다. 그러나 '흰 나방들이 날갯짓할 때(white moths are on the wing)'는 책 속에서 여전히 선명하다.

프란체스카는 쪽지에 아일랜드 시인 예이츠의 시 「방황하는 잉거스의 노래」속 한 구절을 인용했다. 예이츠가 첫눈에 반해 일생의 뮤즈로 삼았던 여인 '모드 곤'. 그녀가 연애보다는 아일랜드 독립 활동에 마음이 가 있었기에, 예이츠는 모드 곤의 마음을 얻지 못했다. 그러나 평생 그녀를 잊지 못했고, 그녀를 모델로 시를 쓰고 희곡을 썼다. 왜 예이츠였을까.

프란체스카는 정말 나흘 동안만 행복했을까. 그저 삶이 소설이 됐다.

사.서.고.생.

홍현숙

　그녀는 어려서부터 유별나게 자기 물건을 쓸고 닦으며 깔끔을 떨었다. 남들이 눈치채는 것도 싫어서 혼자 조용히 본인의 영역만 지켰다. 서랍 한 칸에서부터 책상 하나, 그리고 책장, 거기에 옷장 한 칸, 서랍장 두 칸 등으로 영역을 넓혀갔다. 그녀의 어머니도 몇 번이나 이야기하시곤 했다. 쟤는 일곱 살 때도 유치원에 신고 갔던 신발을 수돗가에서 씻어 양지바른 곳에 세워두었다가 다음 날 신고 가는 애였고, 지금도 아마 날아다니는 먼지를 잡으러 쫓아다닐지 모른다며 혀를 찬다. 여학생 시절도 크게 다르지 않았다. 두 시간 시험공부 하려고 세 시간 동안 책상, 책장 정리 먼저 하고 다른 사람이 청소해 주는 게 싫어서 방문도 잠그고 다닐 정도였다. 결혼 전까지는 그나마 방 한 칸이니까 혼자서도 충분히 마음대로 처리할 수 있었다.

　하지만 청소와 거리가 먼 남편을 만나서 그와 비슷한 두 아들을 낳아 기르다 보니 사정은 달랐다. 누군가에겐 사소한 문제일 수도 있지만 그녀에게는 행복과 불행을 왔다 갔다 하는 일이었다. 남편은 어쩔 수 없다고 쳐도 아들들은 다르지 않을까. 가르치고 또 가르치고 보여주고 또 보여주다 보면 달라지리라 믿었다. 그러다 보니 일찌감치 사춘기를 겪고 있는 초등학생 큰아들과 자꾸 그 문제로 눈만 마주치면 싸우게 되었다. 엄마와는 정반대 편에 서 있는 아들은 엄마를 '깔끔병 중증 환자'라고 비난하고, 그녀는 아들을 정상 범주에 못 미치는 수준미달이라며 야단치곤 했다.

한창 그렇게 큰아들과 서로 납득 안 되는 싸움을 이어가고 있을 즈음, 졸업한 지 20여년 만에 갑자기 초등학교 동창회를 한다는 연락을 받았다. 그다지 마음이 평화로운 때가 아니었지만 친구들이 어떻게 변했는지도 궁금하고 일탈이 그립던 참이라 일단 준비모임에 나갔다. 옆 테이블에서 들으면 그저 우스울 뿐인 '어쩜 그렇게 그대로냐'는 대화를 이 방향 저 방향으로 수십 번 주고받고는 식사까지 마치고 서로 자리를 바꾸어 가며 담소를 나누게 되었다. 그때 짝이었다는 남자 동창 한 명이 그녀 옆에 다가와 앉더니 심쿵할 말을 건넸다. "너 아직도 그렇게 깔끔병 있냐?" 헉, 이럴 수가! 아들과 겪고 있는 갈등의 핵심 단어를 몇십 년 만에 만난 동창 입에서 듣게 되다니! 그녀는 결국 아들에게 K.O. 패를 선언하고 싸움을 멈추었다. 그뿐이 아니다. 그날의 충격 이후 마음에 담고 있던 글공부를 시작하려고 백화점 문화센터로 들어섰다. 시선을 돌리고 다른 행복을 찾고 싶어서. 인생의 커다란 벽을 하나 넘어선 듯 생각의 방향과 폭도 조금씩 달라지기 시작했다. 변하기 어려운 건 주변 그 누구도 아니라 바로 자신이라는 사실을 조금은 깨달은 셈일까. 자식일지라도 삶의 자세에 대해 옳으니 그르니 평가하거나 바꾸라는 강요를 하지 않으려 노력했다.

그 대신, 어질러지는 게 싫은 그녀가 스스로 청소독박을 쓰게 되어 어제도 오늘도 가족들의 핀잔을 들어가며 미련한 짓을 이어가고 있다. 시골집까지 추가되어 영역은 더 넓어지고 체력은 고갈되니 결국 푸념을 하기에 이르렀다. 듣고 있던 친구 한 명이 "그런 걸 사자성어로 뭐라는 줄 알아? '사.서.고.생.'이라는 거야" 한다. 똑똑한 친구들. 그녀는 또 큰 전환점에 섰다. 변해야만 하는. 왠지 맥 빠진 그녀가 안쓰러워도 할 수 없다. 변해야지.

개인 테마

신앙, 끄트머리에 서다 / 홍현숙

그리움에 갇힌 이름, 엄마! / 주기영

삶 너머 삶 / 정순인

지난날의 수다 / 임옥진

그곳에서 부르는 노래 / 민현옥

늙음, 명랑하게 견디기 / 김정희

서울 출생
2000년 『책과 인생』 등단
한국산문작가협회 이사
한국수필문학진흥회 회원
공저 『너에게 나는 어떤 풍경일까』
✉ hyunsook1188@hanmail.net

홍현숙

신앙, 끄트머리에 서다

> 어느 가톨릭수도회 소식지에 '삶의 자리에서'라는 꼭지가 있습니다.
> 거기에 얼마 동안 연재했던 글들입니다.
> 마음 따뜻했던 그 시절이 다시 떠올라 행복하고
> 동글아미와 함께한 시간들, 너무 감사합니다.

1. 꼴찌가 받게 될 상
2. 뜻대로 되지 않는 벽 앞에서
3. 사랑과 욕심 사이
4. 저희들의 잘못과 용서
5. 크리스마스트리를 볼 수 있을까
6. 슬기로운 생활

꼴찌가 받게 될 상

짧은 봄이 지나가고 있다. 깨어있어야만 잠시 누릴 수 있을 만큼 아주 빠르게. 언제 올 거라 예고도 없고 언제 갈 거라 표시도 없이 생명의 기운을 확 몰고 와서는 여름에게 자리를 빼앗기려 하니 아쉽기만 하다.

7개월 가까이 이어진 나의 영신수련도 여름 전에 끝날 텐데 어쩌나 싶다. 별로 변화된 것도 없고 기도 중에 하느님을 몇 번이나 만났는지도 잘 모르겠다. 내가 속해있는 가톨릭수도회 후원회원이라면 적어도 한 번은 꼭 거쳐야 할 과정이라 생각하여 시작했고 무사히 마치면 엉터리 신자 티를 좀 벗는 줄 알았다. 어디서든 당당하게 믿음 깊은 하느님의 자녀 티도 날 줄 알았는데 욕심이었나 보다.

수련을 시작하던 첫날 유쾌한 목소리로 지도신부님께서 말씀하셨다. "아무 걱정 안 하셔도 됩니다. 여기 계신 분들 중에 꼴찌가 받게 될 상이 하느님과 친해지는 것입니다"라고. 너무 괜찮은 거래 같았다. 매일 30분씩 하느님을 만나 대화하고 바라보고 온전히 맡기는 시간만 가지면 된다니 그 정도쯤이야 할 수 있을 것 같았다. 아무리 못해도 꼴등은 할 테니까.

허나 일상을 그대로 유지한 채 매일 30분은 생각만큼 쉽지 않았다. 10분도 못 채우고 생각은 삼천포로 빠지고 20분도 못 채우고 잠들어 버리는 날이 부지기수다. 그럴 땐 "하느님, 자꾸 집중이 안 됩니다. 제가 온전히 주님을 만날 수 있도록 도와주십시오"라고 기도하면서 계속하라고 격려해 주는 신부님 덕분에 겨우겨우 이어온 시간들이다. 함께하는 멤버들 앞에서 이미 속내도 다 드러냈고 어릴 적 트라우마도 뱉어냈다. 더 이상 하느님 앞에서 숨길 것도 숨길 수도 없다. 늘 하느님을 향해 마음을 열고 뭐가 기쁜지 뭐가 속상한지 말하고 응답을 들으려 노력해야만 그나마 울림의 순간을 놓치지 않을 수 있었다. 그럼에도 불구하고 계속하여 뭔가 미진할 뿐이다.

부활 2주째로 접어들고 나의 묵상도 부활하신 예수님을 만나보아야 하는 시기가 되었다. 겟세마니 동산에 올라가 '유혹에 빠지지 않도록 깨어 기도하라'고 몇 번을 말해도 자꾸 잠들어 버리는 제자들, 당신을 배신하고 외면하는가 하면 참회 없이 자살해 버리기도 하는 제자들에게 끝까지 사랑과 희생을 보여주고 돌아가신 그분을. 또한 그걸 세상에 전파하라고 부활해서까지 확인시키고 평화의 기도를 해준 뒤에야 비로소 승천하신 예수님을 과연 어떻게 만날 수 있을까. 2천 년도 더 지난 지금

이곳에서 나처럼 미미한 존재가 말이다. 부활8일 축제 기간 내내 기도해 보았다. 슬그머니 밀고 들어오는 봄도 알아채지 못하고.

  한 주일이 또 지나고 여느 때처럼 주말이라 시골집으로 갔다. 문득 연둣빛 새순들이 여기저기서 눈에 들어온다. "어머어머, 도대체 이건 뭐죠? 어떻게 이렇게 예쁜 생명들이 생겨날 수 있죠?" 나도 모르게 혼자 외쳤다. 영하 18도의 추위를 견디고 돋아난 생명 앞에서 눈물이 핑 돌고 말았다. 해마다 그렇게 나왔을 텐데 내겐 첫 경험으로 느껴지다니. 부활하신 예수님이 내겐 그렇게 오셨다. 연두와 핑크빛으로 황홀하게.
  그때서야 나도 변하고 있다는 걸 깨달았다. 나이 들어서 그런 줄로만 알았던 잦은 중얼거림이 바로 하느님과의 대화였음을. "오늘 모임 엄청 부담되는 거 알죠? 제 옆에 쭉 붙어계셔야 해요" "오늘은 울 아들한테 아주 중요한 날이래요. 꼭 지켜봐 주세요" 등등. 급기야 어제 아침엔 이런 말을 하고 말았다. 세팅을 마친 커피메이커에 전원을 켜며 "하느님도 커피 한 잔 드려요? 부드러운 콜롬비아 수프레모로 새로 채웠는데"라고. 아! 하느님과 친해지기로 되어있는 꼴찌를 위한 상, 그게 서서히 내 몫으로 다가오는 게 틀림없다. 벅차오르는 부활 시기다.

뜻대로 되지 않는 벽 앞에서

비가 주룩주룩 내리는 주말 아침이다.

남편은 회사 체육대회 날인데 모자와 선글라스 대신 우비와 우산을 챙겨 나갔고 나도 친구 딸의 야외결혼식 날이라 불편하지만 하객용 옷을 차려입고 일찌감치 집을 나섰다. 양재동 꽃시장에 들러 시골집으로 가져갈 모종을 미리 차에 실어두기 위해서였다. 한참 봄꽃과 야채모종을 심는 때라 그런지 번거로운 상황인데도 우산과 함께 검은 봉지를 손에 든 사람들로 북적였다. 주차장에도 차 한 대 세울 자리가 없다. 평소에 그 흔한 운전석 막말 발언도 한 번 못 해보던 내가 갑자기 그깟 일에 짜증 섞인 말이 튀어나와 스스로 놀랐다.

살다 보면 왜 하필 오늘, 여기서, 나에게 등등 예상치 못했던 상황에 맞닥뜨리는 적이 많다. 천재지변이 그렇고 생명의 잉태나 죽음도 마찬가지다. 생태계의 약육강식이나 내리사랑도 애초에 우리의 계획이 아니고 심지어 희로애락 같은 감정도 마음대로 다스릴 수 없어 쩔쩔매기도 한다. 내 일이 아니라면 운이니 운명, 재수, 순리 등등 단어를 써가며 받아들여라, 참아라, 순응해라 하겠지만 당사자가 되고 보면 쉽지 않은 것 같다.

93세가 되도록 건강관리며 감정조절 능력 면에서 내가 봐온 사람 중에 1등이던 친정아버지께서 암이라는 판정을 받고는 심정적으로 무너지셨다. 87세 때 신장암 초기 수술을 받았을 때만 해도 퇴원 이틀 후부터 다시 출근을 할 정도로 체력도 정신력도 좋았었는데 이번엔 달랐다. 검사 결과를 듣고는 아무 말 없이 중환자처럼 누워서 3일을 보냈다. 나도 무너지는 기분이다. 아직도 나에게 너무나 비중이 큰 아버지이기도 하고, 대처하는 모습이 전과 달라서 당황스럽고 더 슬프다. 우리가 따라야 하는 순리란 무엇일까. 혼란스럽다. 어느 때라도 하늘나라에 가게 되었다는 신호를 받으면 기쁘게 응해야 되는 걸까, 하느님으로부터 받은 생명을 하루라도 더 지켜내려고 애써야 되는 걸까. 아버지 때문인지 별거 아닌 일에도 자꾸 마음 상하고 머릿속도 복잡하기만 하다.

늦은 오후, 시골집에 도착했을 즈음엔 완전히 다른 날씨로 바뀌어 있었다. 공기도 깨끗하고 시원해서 밖에서 식사하면 딱 좋은 날씨다. 텃밭일은 남편에게 맡기고 난 테이블을 준비했다. 모처럼 좋은 기분으로 안팎을 들락거리고 있는데 엄청난 숫자의 개미 떼가 이동하는 현장을 보앉다. 매우 흥미로운 장면이라며 관찰하는 사람도 있겠지만 나에게는 금방이라도 다리로 기어 올라올 것처럼 징그럽고 무서운 일이었다. 얼른 호스를 끌고 와 가장 센 물살로 다 쓸어버렸다. 입으로만 '미안해, 미안해' 중얼거리며. 개미들에게는 운명의 날이 되었다. 다 함께 열심히 식량을 나르거나 이사를 하고 있을 뿐인데 예상치 못한 폭풍우를 만나 몰살당한 거다. 개미들에게 그런 끔찍한 천재지변을 일으켜 놓고는 편치 않은 마음으로 괜한 비질만 계속하고 있는데 마침 아랫집 할머니가 청소 중이냐며 마당으로 들어오신다.

"아니요. 어서 오세요. 할머니 밭은 괜찮으세요? 이 동네도 어제 우박 많이 떨어졌다던데…" 했더니 괜찮다며 툇마루에 걸터앉으신다. "어차피 하느님이 도와주지 않으면 우린 아무것도 못 해. 그렇잖우? 이제 비 그치고 해 났으니 쑥쑥 자라겠지. 다 살게 해주더라고…" 하신다.

교회도 성당도 다녀본 적 없다는 할머니도 그렇게 잘 아시는 뻔한 순리를 놔두고 나는 무슨 생각이 그리도 많았을까. 맞다. 순리란 하느님이 주신 생명으로 하느님 뜻대로 살다가 하느님 나라로 돌아가는 거다. 간절한 소망 앞에서도 기쁨이나 노여움 앞에서도 심지어 죽음 앞에서도 하느님의 마음을 헤아리며 평화를 구하는 기도를 하는 수밖에. 숱한 나의 계획들은 아무런 힘이 없다는 것을 다시 한번 깨닫는다.

사랑과 욕심 사이

아무리 욕심을 내려놓으려 해도 자식에 대해서만큼은 쉽지 않다. 금방 감사기도를 하고 돌아서면서 벌써 그다음 희망사항을 품게 되는 게 부모다. 아마도 아들이 하느님 곁에 안전하게 머무를 사제가 된다 해도 기도는 마찬가지일 것 같다. 어떤 신부님이 되시기를, 항상 은총이 함께하기를, 건강하기를, 주변에 좋은 사람들이 모이기를…. 끝이 없지 않을까.

몇 년 전「스카이 캐슬」이라는 드라마가 사람들의 반향을 일으킨 적이 있다. 자식을 위해서라는 미명하에 애들을 망가뜨리고 죽음에까지 이르게 하는 소수 상류층 부모들의 그릇된 욕망을 보여줌으로써 진정한 부모 사랑이 무엇인지를 생각해 보게 하는 드라마였다. 오직 피라미드의 꼭대기에 올라앉아야만 지배하고 누릴 수 있다고 가르치며 친구를 누르고 이기라고 강요하는 부모들. 물론 드라마는 과장되고 자극적인 모습으로 치닫는 픽션이지만 정도가 약할 뿐 비슷한 유형은 주변에서도 많이 본 듯하다. 오직 목숨이 달린 순간을 맞닥뜨려야만 정신을 번쩍 차릴 수 있는 걸까. 온전한 건강조차 욕심이었음을 깨달으며⋯.

큰애를 낳고 나서 우리 부부는 처음으로 하느님과 종교에 대한 생각을 갖기 시작했다. 오래 걸리지 않아 가톨릭으로 결정은 했는데 선뜻 성당으로 찾아가지 못하고 망설이고 있었다. 그러는 중에 둘째도 태어났고 8개월쯤 되었다. 워낙 순하고 잘 울지 않던 아기라서 목동에서부터 과천 시댁으로 나들이를 다녀오던 그날도 얼굴색이 안 좋았지만 그저 멀미를 하는 줄로만 알았다. 기진맥진 잠들어 버린 걸 심각하게 생각도 못 했다. 결국 밤이 되어 피로 젖어있는 기저귀를 보고서야 대학병원 응급실로 끌어안고 달려갔다. 중첩된 장이 시간을 지체하는 바람에 이미 파열되었다고 했다. 바륨관장 방법으로 몇 번 시도했지만 소용이 없자 생명이 위태롭다며 의사 선생님이 수술가운과 매스를 준비했다.

30년 넘게 지났는데도 눈에 선할 뿐 아니라 가끔씩 정신을 번쩍 차리게 하는 장면이다. 성모병원 응급수술실 밖에서 본 적도 없고 알지도 못하는 하느님께 매달려 '오직 살려만 주신다면⋯' 눈물 콧물 흘리며 기도했다. 무슨 뜻인지도 모른 채 수십 수백 가지 서언도 마구 했다. 그 순간 하느님이 매달리는 이방인에게 보란 듯 기적을 베풀었다. 적어도 나에겐 확실히 그랬다. 매스가 살에 닿기 직전 꼬였던 장이 순식간에 풀리고 기절 상태였던 아기 입에서 드디어 고통의 울음소리가 터져 나왔다.

그렇게 반가운 울음소리가 또 있을까. 열흘 정도 병원에서 상처치료를 받고 퇴원했다. 그리고 얼마 후 우리 부부는 더 이상 망설이지 않고 성당으로 찾아가 교리공부를 시작했다.

   기도를 시작할 때면 '자비의 주님!' '사랑의 주님!' '우리와 함께 계시는 주님!' '은혜를 베풀어 주시는 주님!' 등 여러 가지 느낌으로 말문을 열곤 하는데, 그렇게 신앙을 시작했던 나는 늘 마음속으로 '우리 둘째 살려주신 하느님'으로 각인되었다. 그럼에도 불구하고 '좀 더 근면하기를' '정리정돈 잘하길' '성당에 열심히 다니기를' '인사성 바르길' '괜찮은 아가씨를 배우자로 맞이하길' 여전히 끝도 없다. 자식의 모습이 곧 나를 투영한다는 생각을 아직도 다 떨쳐버리지 못해서일까. 자꾸 좋은 모습만 보이길 바라게 된다. 그게 부담을 주고 아프게 할 수도 있다는 걸 잘 알면서도 말이다. 성모님은 어떤 마음으로 억울하게 못 박혀 돌아가시는 예수님을 곁에서 묵묵히 지켜낼 수 있었던 걸까. 그 마음을 다시 한 번 묵상하며 가정의 달이자 성모님의 달인 5월을 맞이한다.

저희들의 잘못과 용서

　가톨릭 신자에게 가장 기본인 '주님의 기도' 중에 아직도 제대로 이해하지 못하는 부분이 있다. 루카복음 11장, 마태오복음 6장에 나오는 것처럼 주님께서 직접 가르쳐준 기도문이니 의심 없이 잘 숙지하여 기도하면 그만인데 자꾸 '용서'라는 단어에서 걸리곤 한다. '저희에게 잘못한 이를 저희가 용서하오니'라는 부분이다. 바로 뒤에 이어지는 '저희 죄를 용서하시고'만 적혀있으면 그냥 지나갈 텐데 용서하겠다는 다짐이 앞서 있으니 기도할 때마다 과속방지턱을 넘는 것처럼 살짝 걸리곤 한다. 잘 용서하고 있나? 남의 허물을 들춘 적은 없나?

　사람들 사이에 '용서'라는 게 이루어지려면 최소한 잘못했다는 사람과 잘못에 대한 사과라도 있어야 가능할 것 같다. 뭘 잘못했는지도 모르는 상태에서 무슨 사과와 용서가 있겠는가. 일상의 소소한 일들은 쉽게 화해하며 웃고 넘어가지만 때로는 상대방 잘못이라고 끝내 우기기도 하고 상대방이 용서를 구해도 어림없다며 화를 가라앉히지 않는 경우도 있다. 제3자의 눈으로는 훤히 보이는 게 당사자가 되면 헤어나지 못하고 결국 몸과 마음이 아파지고 마니 안타깝다.

얼마 전 나에게도 간단치 않은 상황이 닥쳤다. 갑자기 핸드폰에 장문의 메시지가 들어오면서부터다. 가까이 살기 때문에 자주 연락드리는 꽤 가까운 분의 문자였다. 구체적인 내용은 밝히지 않고 나를 포함한 모임의 구성원들에게 엄청 화가 나 있음만 느껴지도록 적혀있었다. 몇 번 문자 왕래로 내용을 조금은 알 수 있었지만 아직 뭐가 잘못된 건지 이해도 못 했는데 문자대화는 끝나버렸다. 고민이 나에게 넘어온 듯했다. 특별히 나에게 문자를 보낸 뜻이 있을 텐데. 그분의 입장으로 생각해 보고 기분 상했으면 죄송하다고 사과도 해보고 원하시는 게 있으면 그대로 해드리겠다고 해봐도 그럴 필요 없다는 답뿐이다. 마침 영신수련 기도 연습 기간이었는데 나에게 주어진 시험인가 싶었다. 그래서 매일 기도 중에 예수님께 이 문제를 꺼내놓았다. 어떤 상황에서도 용서를 잘하면 된다는 생각만 해보았을 뿐 '용서'를 받는 부분에 대해서는 깊이 생각하지 못했었다. 진심 어린 사과를 하면 다 해결될 거라고 믿었나 보다. '잘못'에 대한 생각이 일치할 때만 가능하다는 걸 미처 몰랐던 거다. 2007년 이창동 감독의 영화「밀양」때도 많은 사람들이 인간의 용서와 하느님의 용서에 대해 설왕설래했지만 대화도 무의미하고 답도 없었다. 영화 중에 아들을 잃은 여주인공 피해자가 겨우 마음을 다잡고 범인을 용서해 주러 감옥을 찾아갔는데, 죄인은 하느님께 이미 용서를 받았다며 평안한 모습으로 지내고 있으니 그 어이없는 상황을 어떻게 설명할 수 있을까.

일주일 가까이 그 생각에서 벗어나지 못하고 있는데 문득 기도 중에 '그냥 잊고 기다려라'는 느낌을 받았다. '잊고'가 어려워서 그렇게 아프더니 신기하게 그날부터 조금씩 마음이 가벼워졌다. '그래, 시간 지나면 어떤 방법으로든 해결되었다고 느껴질 거야'라는 믿음도 생겼다.
또한 주의 기도에서 '저에게 잘못한 이를 제가 용서하오니'라 하지 않고 '저희에게 잘못한 이를 저희가 용서하오니'라고 복수로 표현한 뜻을 알 것 같았다. '서로 사랑하며 살겠사오니 저희들 죄를 용서하시고'가 아니었을까. 혼자의 문제가 아니라는 의미로. 나 혼자 잘못을 하느님께 고해하고 용서와 보속을 받는 것과는 다르다. 인간들 사이의 죄와 벌, 용서와 화해는 함께 이루어나가야만 될 과제이다. 그 대목을 간과하지 말라고 앞에 내세워 주신 거라고 내 맘대로 이해했다.

그 상태로 한 달쯤 지났을까. 아무리 문자를 보내도 무응답이던 그분이 모임 관련 소식에 드디어 답변을 보내왔다. '그날은 안 돼. 선약 있어. 봄에 보자.' 안 된다는 그 문자가 무척이나 반가웠다. 바깥은 아직 겨울인데 봄기운이 마음으로 훅 들어온다.

크리스마스트리를 볼 수 있을까

묵혀두었던 크리스마스트리를 꺼냈다. 10년 가까이 지났으니 인조나무라 해도 죽은 듯했다. 박제된 듯 납작하게 누워버린 이파리들이 좀처럼 살아나질 않아 애를 먹었다. 한참 동안 철사로 된 가지를 굽히고 펴가며 다듬었더니 제법 그럴듯했다. 방울과 장식품들을 걸고 아래 공간에 가짜 선물상자를 수북이 쌓았다. 마지막으로 꼭대기부터 바닥까지 휘감은 깜박등만 켜면 된다. 그럼 분위기는 완전히 달라진다. 산소호흡기에 의존하던 중환자실 환자의 바이털 체크 모니터 그래프가 살아나듯 죽었던 감정이 소생하고 괜스레 입꼬리가 올라가고 성탄절 설렘이 온몸에 퍼진다. 맞다. 나에게도 이런 면이 있었지. 크리스마스를 앞두면 65명이나 되는 학급 친구들에게 65가지 종류의 카드를 만들어 돌리고 환경미화 상을 받고 싶어서 아무도 신경 안 쓰는 교실 뒤 칠판을 꾸미느라 밥도 굶고 어두워질 때까지 학교에 남아있기도 했지. 부모님과 남편으로부터 쓸데없는 일에 시간 들인다는 야단을 맞아가면서도, 친척 어른

들께 계속 카드를 쓰고 선물 포장하는 일을 즐거워했었지. 하지만 끝내 남편도 관심 없고 두 아들도 무심할 뿐이니 어느 사이에 나 또한 점점 장식품에는 관심 없어지고 치우고 버리는 손만 빨라지고 있었다.

초록과 빨강, 금색과 은색으로 빛을 발하는 트리를 보면서 이렇게 감동스러운 데는 또 다른 이유가 있다. 올해만큼은 솔직히 예수님 때문이 아니다. 태어나서 처음으로 크리스마스 파티 명목으로 우리 집에 오기로 되어있는 넉 달 된 손자 때문이다. "여보, 이 불빛을 우리 아가가 볼 수 있을까? 좋아할까?" 며칠 내내 집 안 곳곳에 불을 밝혀보았다. 아직 시력이 0.2에도 못 미친다니까 색깔이나 불빛, 움직임, 소리 등에 반응하는 정도이다. 그 아기에게 반짝이는 전구가 혹시 기쁨이 되려나, 좋은 자극이 되려나 싶어 여기저기 치렁치렁 장식품들을 내다 걸었다.

내가 처음으로 종교라는 걸 생각하기 시작했던 게 큰애의 탄생 때문이었던 기억이 선명하다. 우리 앞에 나타난 예쁜 아기를 위해 어딘가 감사인사를 드리고 싶은 마음에서 시작되었다. 때로는 그 감사함이 후회스러울 만큼 힘들게 느껴지던 순간들도 있었지만 한 세대를 지나 그 아기가 다시 아빠가 되고 보니 신비스럽기까지 하다. 그래서인가, 손자에 대해서는 순전히 사랑스런 순간들만 마음에 담게 된다. 어떤 과정들을 거쳐 어른이 되길 거라는 길 짐작할 수 있기 때문에 훨씬 여유가 있나 보다. 빨리 걷기를, 어서 말을 시작하길, 기저귀가 필요 없는 날이 오길 조급하게 기다리는 엄마나 아빠에 비해 할머니인 나는 오늘 하루 우리 집에서 반짝이는 전구를 볼 수만 있다면 그것으로 족하다. 게다가 방긋 웃어주기까지 한다면 그 이상 무얼 더 바랄까. 내년에는 손자와 함께 꾸밀지도 모른다 생각하니 벌써부터 설렌다. 하느님은 단지 한 생명만을 주시는 게 아니었다. 행복, 기쁨, 슬픔, 고통까지 한꺼번에 다 싸서 주신다. 행복과 기쁨만 누리려 한다든지, 슬픔과 고통만 받는다고 불평할 일이 아니다. 하느님의 아들 예수님도 우리 곁에 그렇게 초라한 모습으로 와서 평범한 일상을 거치고 무한한 사랑을 주고 지독한 고통을 치르고 가셨다. 그걸 잘 알고 믿겠다고 맹세하고 신앙인까지 되었지만 여전히 어렵고, 자식들이 그 과정을 겪는 걸 보는 건 더 힘들다. 하지만 아들의 아들까지 태어나고 보니 이제 나도 할 수 있을 것 같다. 기쁨도 고통도 욕심 없이 그대로 공감해 주며 늘 마음으로 함께해 주는 거.

슬기로운 생활

'슬기로운 ○○생활'이란 말이 유행하기 시작한 건 2017년 드라마 「슬기로운 감빵생활」부터였나 싶다. 2009년 이전까지 초등학교 저학년 교과서에 「슬기로운 생활」이 있었지만 그저 교과서 제목일 뿐 와닿지 않았다. 국산사자(국어, 산수, 사회, 자연)로 배우고 자라서인지 자꾸 사회일까 자연일까 구분하고 싶었지만 사회도 자연도 아니다. 가족이나 친구들, 또는 동식물을 포함한 자연에서 잘 지낼 수 있는 지혜를 가르쳐주는 분야였던 것 같다. 물론 고학년부터는 다시 예전 과목들로 세분화되었다.

그런 슬기로운 생활에다가 어울리지도 않는 '감빵'이란 단어를 붙여 놓아 흥미를 일으킨 셈이다. 여동생을 성폭행하려던 범인을 쫓아가 손에 잡히는 유리덩어리로 머리를 때려 중태에 빠뜨린 슈퍼스타급 야구 선수가 주인공이다. 어리숙하고 고지식하기 그지없는 그가 과잉방어라는 죄목으로 1년간 감옥살이를 하면서 다양한 종류의 인간들과 부딪히고 해결해 가는 과정을 보여준다. 제3자 시선으로는 그저 감동과 재미로 시청만 하면 되니 어느 부분이 슬기로움인지 따질 필요도 없었다. 그리고 3년 뒤 같은 제작팀이 「슬기로운 의사생활」로 돌아오면서 슬기로운 생활은 본격 유행어가 되었다. 어떤 단어에 붙여도 다 말이 되는 게 신기하다. 슬기로운 학교생활, 친구생활, 엄마생활, 싱글생활 등등. 급기야 코로나19로 인한 '슬기로운 격리생활'에 대한 팁을 TV에서 알려주기도 한다.

어떻게 사는 게 슬기로운 걸까. 여동생을 구하려다가 억울하게 감방에 갇혀 존경과 미움을 함께 받게 되는 야구선수나, 안락하고 쉬운 길 마다하고 고단하고 힘든 의사 본연의 길을 친구들과 함께 해나가는 드라마 주인공들에게서 어떤 슬기로움을 보여주려는 걸까. 2년 넘게 마스크와 함께하는 '코로나19' 시기가 갑갑하기만 하다. 신앙이 더욱 빛을 발해야 될 것 같은데 초기에 오히려 문제가 되어 종교 관련 모임도 봉사활동도 모두 중단되어 더욱 고민스러울 때였다. 그런 즈음에 후원하고 있는 수도회 신부님들이 화상강의를 제안하여 시작했는데 그게 내겐 나름 슬기로운 신앙생활이 되어주었다. 몸이 게을러지면 마음도 흐트러지고 마음이 게을러지면 몸도 안 따르기 마련이라 어떻게든 기도생활을 부추겨주려는 신부님들 마음을 왜 모르겠는가. 하지만 학생이 되어야 할 신자 대부분은 분필 먼지 머금으며 선생님의 칠판 글씨를 받아 적던 세대이니 어쩌랴. 각자의 집에서 모니터로 핸드폰으로 신부님 강사를 만나리라고는 상상도 못 해본 사람들이다. 그래도 용기를 내어 신청했고 일정대로 화상강의는 시작되었다.

"다 들어오셨나요?" "제 목소리 들리세요?" "여기 칠판도 보이시구요?" "아직 두 분이 못 들어오셨는데…" 하며 시작했던 수업이 마지막 8주 즈음엔 척척 알아서 제 시간에 다 모이고 음소거와 비디오소거도 필요한 타이밍에 본인이 알아서 척척 하고 녹화해서 올려주면 두 번 세 번 복습도 할 수 있게 되었다. 스스로 대견하고 기쁘니 그것만으로도 성공이고 감사기도가 절로 나왔다. 그렇게 몇 개월만 버티면 될 줄 알았던 위기가 3년이 다 되어간다. 이제 슬기롭고자 마음 다지기도 지친다. 회사들도 화상회의와 재택근무에 점점 익숙해져서 어느 일간지 전면에 '미美 빅테크, 코로나19 끝나도 전면출근 없다'는 기사까지 떴다. 아무래도 역사적으로 큰 전환점이 될 시기를 살아내고 있나 보다.

슬기로움이란 사전적 의미로 '스스로 노력하고 바르게 판단하여 일을 잘 처리하고 또한 그 노력을 즐길 줄 아는 지혜'라고 정리된다. 그런데 코로나 시절을 보내며 정반대일 것 같은 미련함과 우직함과도 맞닿아 있다는 걸 알게 되었다. 92세 친정엄마가 열이 떨어지지 않아서 대학병원 격리실에서 몇 가지 검사를 받게 되던 날, 유리문 저편에 드라마 속 주인공들처럼 우주복 같은 무거운 옷을 입고 업무에 임하거나 봉사하는 인력들을 보았다. 소소한 불평을 꺼내려고 다가갔다가 조용히 입을 다물고 한 걸음 뒤로 물러섰다. 또 깜빡했다. 아직은 다소 불편하더라도 미련한 슬기로움을 발휘해야 하는 어려운 시기라는 사실을.

서울 출생
1999년 『책과 인생』 등단
한국문인협회 회원
한국산문작가협회 이사
제13회 한국산문문학상 수상
✉ noranbada99@daum.net

주기영

그리움에 갇힌 이름, 엄마!

"좋은 딸이 아니라는 자책은 괜찮은 엄마가 되고 싶은 욕망을 낳았다.
밀린 숙제를 하듯, 그리움에 갇힌 엄마를 하나씩 꺼내 들여다본다.
여전히 아름다운 당신을 서툴게 그리고 지우기를 반복한다.
그러니 여섯 편의 수필은 나에게 내미는 슬픈 화해 같은 것일지도."

1. 월화수 '일' 금토일
2. 여자 엄마
3. 빛바랜 요리책
4. 어부바
5. 어멍
6. 31층 바다

월화수'일'금토일

 기다리는 일에 익숙하다. 때론 기다림을 즐기고 있는 것 같기도 하다. 기다리는 동안의 설렘과 오랜 기다림 끝에 얻어지는 가슴 뻐근한 기쁨을 놓칠 수 없다고 해야 할까?
 진득한 면이라곤 별로 찾아볼 수 없는 내가 감히 기다림을 즐긴다고 하기까지는 어머니의 공이 크다. 그래서 나의 기다림은 그 대상이 '사람'일 때 더욱 은근과 끈기를 발휘한다.

 초등학교 때부터 어머니는 끊임없이 날 기다리게 했다. 직장생활로 바쁘셨던 어머니 때문에 내 뒤치다꺼리는 언제나 외할아버지의 몫이었다. 입학식을 시작으로 소풍, 어머니회의, 가을 운동회까지 예쁘고 젊은 엄마들 틈에서 유일하게 남자로 서 계셨던 외할아버지는 어린 마음에 큰 상처로 남았다. 워낙 멋쟁이로 소문난 외할아버지는 기꺼이 학교 가는 날을 반기셨지만, 기름 발라 정갈하게 넘어간 왼쪽 가르마도, 반질

반질하게 닦여진 구두의 날렵한 코도 엄마 대신은 될 수 없었다. 모두가 부러워하던 눈부시게 하얀 피부의 엄마가 나타나서 아줌마들의 화장품 냄새를 부끄럽게 할 날이 오리라 바라고 또 바랐지만, 기다림은 그 후로도 꽤 오래 그 꼬리를 보여주지 않았다.

두 살 터울인 오빠는 동네를 휘저으며 놀러 다니고, 전봇대에 줄을 매달고 타잔 흉내를 내다가 떨어져 팔을 부러뜨리기도 했다. 오빠를 쫓아다니며 한바탕 놀다 지칠 때쯤이면, 대문 밖에 쪼그리고 앉아서 머릿속 가득 엄마를 생각하며 무작정 기다렸다. 골목 저 끝에서부터 먹물 같은 어둠이 시작되고 있었다. 1부터 100까지 세면 오신다, 100부터 또 100만 더 세면 오신다. 그러기를 수없이 반복해도 나타나지 않을 때가 더 많았지만, 왠지 포기하지 못했다.

그러면 이번에는 마음속으로 나만의 주문을 외워본다. 종종걸음으로 찻길을 건넌다, 구멍가게 앞을 지나온다, 드디어 골목으로… 하며 고개를 돌리면, 거짓말처럼 골목 끝에서 지친 어머니가 보였다. 달려가 가슴팍에 사정없이 안기면, 내 허리춤을 끌어당겨 엉덩이를 툭툭 치며, 어이구 내 강아지 하셨다. 지금 생각하면 그 미련한 행동이 얼마나 어머니 마음을 안타깝게 했을까 싶지만, 그때는 내가 기다려야만 조금이라도 더 빨리 오실 거라는 생각 때문에 대문 앞을 떠날 수 없었다.

그즈음 내가 존경하는 사람은 이순신이나 세종대왕이 아니라 일요일을 만든 사람이었다. 일요일의 엄마는 온전히 내 차지였으므로. 그가 누가 됐든 상관없었다. 다만 한 번쯤은 월화수'일'금토일이 되기를 수없이 기도했다.

　일요일 아침, 어머니가 분홍색 대야에 비누며 수건을 챙기는 사이, 먼저 문 앞에 대기하고 있다가 똥 마려운 강아지처럼 몸을 배배 꼬며 따라나서는 길. 평소 무뚝뚝하던 구멍가게 아줌마한테 나도 이렇게 예쁜 엄마 있다며 살짝 눈 한번 흘기고, 담 너머 학교 운동장도 자랑하고, 북적거리는 이화예식장 앞을 지나 육교 하나 건너면 만나는 곳, 바로 목욕탕 가는 길이다. 뽀얀 속살을 부대끼며 비누 거품만큼 부풀었던 마음이 아려오면 긴 기다림 끝에 얻은 짧은 행복이 마침표를 찍는다.

　철들면서 기다리는 일에도 이력이 나는지 나름대로 혼자 시간 보내는 방법을 터득했다. 기억 속에 남아있는 많은 책이 대부분 누군가를 기다리면서 읽은 것을 보면 지금이라도 어머니께 감사드려야 하지 않을까?
　가끔은 그 시절의 절절한 마음으로 돌아가고 싶을 때가 있다. 하지만 때와 장소를 가리지 않고 터지는 휴대전화 덕분에(?) 어머니가 어디 계신지 눈으로 보듯 훤한 세상을 살고 있으니, 엄마를 향한 주문 외기는 더 이상 효험을 발휘할 기회가 없다. 게다가 전화 한 통화도 이 핑계 저 핑계를 앞세우며 우선순위에서 밀어내고 있으니 이보다 더 큰 배신이 없으리라.

내리사랑은 있어도 치사랑은 없다더니 어머니의 녹음된 음성을 듣는 날이 점점 많아진다.

"엄마다, 추운데 아침부터 어딜 그리 빨빨거리고 쏘다니냐? 감기 조심해라."

그리운 목소리를 한 번 더 듣는다. 늘 비슷한 안부지만, 아무렇지 않게, 그렇게 쉽게 지울 수는 없다.

역전의 기회를 노린다는 생각은 가을 털끝만큼도 없었건만, 이젠 내가 외웠던 주문보다 더욱 힘이 센 기도로 어머니가 날마다 딸을 기다리신다.

여자 엄마

"뚜루 뚜뚜루루 뚜루루 루뚜뚜루루"

이렇게 시작하는 한경애가 부른 「옛 시인의 노래」는 부르기도 전에 슬그머니 마음이 먼저 젖어버리곤 한다.

고등학교 1학년 때쯤, 엄마는 이 노래가 배우고 싶다며 가사를 적어 달라고 하셨다. 지금처럼 북적거리는 주부 노래 교실이 동네에 하나쯤 있었던 시절이 아니었다. 설령 있었다고 해도 항상 직장생활로 바빴던 엄마에게 노래 교실이란 그림의 떡보다도 더 먼 이야기였을 것이다.

시적인 가사 덕분인지 이 노래는 그 당시 일반인들 만 명을 대상으로 한 설문조사에서 「눈물 젖은 두만강」, 「나그네 설움」에 이어 젊은 세대들이 좋아하는 노래 3위에 뽑힐 만큼 유행했다. 그래서 어디서든 하루 한 번은 쉽게 들을 수 있었다.

그저 흘러가는 '유행가'라고만 여겼다. 노래 어디쯤에서 엄마의 걸음이 도돌이표처럼 오갔을지, 또 엄마 마음이 어디에 오래 머물렀을지는 미처 헤아리지 못했다.

그날, TV에서 나오는 노래를 따라 종이에 꼼꼼하게 가사를 적어드렸다. 그랬더니 이번에는 한번 불러보라고 하셨다. 엄마 무릎을 차지하고 누워, 허공에 대고 손가락으로 박자까지 저어본다. 발은 까딱거리며 거든다.

"마른 나뭇가지에서 떨어지는 작은 잎새 하나" 하며 시작했을 때, 천장에 머문 내 눈을 피해 엄마 눈빛은 살짝 떨렸을까? 노래는 "좋은 날엔 시인의 눈빛 되어 시인의 가슴이 되어"로 절정에 이르렀다가, "시인은, 시인은 노래 부른다, 그 옛날의 사랑 얘기를"로 끝날 듯 끝나지 못했다.

다음 날부터 엄마는 출근길에 바쁘게 아침을 준비하면서도 이 노래를 흥얼거리셨다. 바빴던 하루 끝에서도 「옛 시인의 노래」는 살아서, 엄마가 잘 만들어 주시던 오징어찌개에선 어김없이 시인의 향기가 났다. 노래는 하루 만에 외우셨지만, 가사를 적었던 꼬깃꼬깃한 종이는 한동안 엄마의 핸드백에서 "뚜루루루" 하며 오래도록 낮게 휘파람을 불어댔다.

나와 팔짱을 끼고 밤 산책을 하면서도 발걸음을 박자 삼아 이 노래를 부르셨다. "뚜루루루" 할 때, 엄마의 입술은 얼마나 예쁘고 가볍게 떨렸는지, 또 누구보다 뽀얀 피부는 밤에도 얼마나 발그레하게 빛이 났는지. 그 설렘을 훔쳐보며 나는 또 한 뼘쯤 자랐을까?

그 밤, 사춘기 딸은 엄마와 나란히 걸으며, 달빛이 건넨 속삭임을 놓치지 않았다. 유행가는 지나갔지만, 엄마와 함께한 시간은 마음 한구석에 방을 만들고 채웠다가 비우곤 했다. 지금도 가끔 이 노래가 낯선 가수의 음성으로 들려오면, '아, 이 노래는 엄마 목소리로 들어야 하는데…' 하며 혼자만의 상상에 기분 좋게 간질간질하다가 곧 가슴 한구석이 따끔하다.

요즘도 엄마는 배우고 싶은 노래가 있을지 궁금하다. 누가 엄마에게 노래 가사를 적어드릴까 싶어 문득 가슴이 저릿하다가, 이젠 찬송가가 엄마 삶의 대부분을 채우고 있다는 사실에 비겁하게도 안도한다. 그때 열심히 박자 저어대던 딸은 늙은 엄마에게 무심한 딸년이 되어버렸다.

그래도 나이가 보태지면서 선물처럼 그때는 안 보이던 것들도 보인다. 영문학을 공부한 엄마는 끝이 보이지 않고 한없이 고단하기만 했던 시집살이 속에서도 시인을 꿈꾸었던 것은 아닐까. 아니면 아름다운 첫사랑이 휘파람에 묻어 와 엄마를 꿈꾸게 했던 건 아닐까.

아, 우리 엄마도 '여자'다. 노래 하나에도 쿵 하고 떨리는 '여자 엄마'였다.

빛바랜 요리책

첫선을 보고 3주 만에 결혼했다. 미덥지 않은 딸을 옆에 두고 살림이라도 가르치고 싶었던 어머니는 갑작스러운 출가에 영 마음이 놓이질 않으셨나 보다. 신혼여행에서 돌아와 남편을 따라 미국으로 떠날 준비를 할 때 작은 노트를 한 권 주셨다. '늘 사랑이 넘치는 축복 받는 가정이 되기를 기원한다'는 메모와 '마른 떡 한 조각만 있고도 화목하는 것이 육선이 집에 가득하고도 다투는 것보다 나으니라(잠언 17:1)'는 말씀으로 시작된 직접 만든 요리책이었다. 뜻밖의 선물을 받고 며칠 동안 잠을 설쳤다. 암 수술 후, 몸도 편치 않으셨는데 얼마나 잠을 잊고 애를 썼을까 싶어, 한 글자마다 닿아있는 어머니의 손끝이 마지막 숨결 같았다.

배추김치를 시작으로 비빔냉면까지 늘 맛있게 해주던 '울 엄니표 음식' 만드는 법이 그대로 적혀있었다. 좋은 재료를 고르는 방법에서부터 손질하는 법과 만드는 순서까지 꼼꼼하게.

플로리다, 낯선 곳에서 엄마 생각날 때면 사진 보는 것보다 요리책을 들추곤 했다. 낯익은 글씨를 대할 때면 그 모습이 선명하게 전해졌다.

오이소박이를 할 때는, '너처럼 싱싱하고 가늘고 예쁘게 생긴 것으로 고르라'는 철저하게 팔은 안으로 굽은 엄마 생각을 읽으며 웃어야 하는데, 왜 그리 눈물이 나던지. 오이소박이는 내가 제일 좋아하던 거였다. 오이를 소금에 절여놓고는 펑펑 울다가 오이소박이인지 짠지인지 모를 그 무엇을 만들어 버렸던 날들은 모두 어디에 숨어있을까. 그저 아득하다.

요리책 중간중간에는 딸에게 하고 싶던 당부도 잊지 않으셨는데, 행간의 의미를 이해하기에는 '스물셋' 신부는 좀 어리지 않았나 싶다. '아내'라는 자리는 인내와 정성과 사랑이 지켜주는 것이라는 말씀을 읽으며, 난 어머니처럼 희생으로 점철된 삶을 살지는 않을 거라는 당돌한 생각을 했다. 전혀 엄마를 닮지 않은 딸이 한없이 위태해 보였겠지만, 그렇게 무조건 참아내고 양보하고 싶지 않았다. 이사하는 날이면 주소 한 장 들고 밤에야 손님처럼 들어오셔서 아무 일 없다는 듯 잠자리에 들던 아버지를 보면서 그런 결심은 더 굳어졌으리라.

우체통에 두툼한 편지가 들어있던 날엔 요리 한 가지가 함께 배달되곤 했다. 대서양 한가운데서 부활절 새벽예배를 드리고 바닷바람에 감기 기운이 느껴질 때, 신기하게도 얼큰한 육개장이 편지 속에 함께 날아왔다. 지금처럼 한국보다 더 큰 마트가 도시마다 있던 시절이 아니었다.

플로리다 시골에서 고사리를 찾아 헤매다 결국 대파만 잔뜩 들어간 육개장을 먹긴 했지만, 거짓말처럼 감기는 뚝 떨어졌다. 어머니는 어디에 계셔도 내가 보이는 모양이다 싶었던 심증은 내가 엄마 경력 30년이 되고 보니 확증이 됐다. 멀리 있어도 정말 거짓말처럼 다 보인다.

내 요리 실력은 맨날 그 자리였지만, 기도장인지 그림책인지 모를 요리책은 점점 두꺼워졌다. 모양에 따라 암수를 구별하라고 보내주신 게의 등딱지 그림도 요리책 한쪽에 잘 붙여놓았다. 이젠 책 여기저기 간장 흘린 자국도 남아있고, 글씨며 종이가 색이 바래 제법 손때가 느껴진다.

결혼 전에도 만두를 만들면 두 살 위인 오빠가 더 예쁘게 빚었고, 녹두 빈대떡도 동글동글 얌전하게 부쳐내는 건 오히려 오빠였다. 그런 오빠는 장가가서도 명절이면 전 부치느라 부엌을 떠나지 않으니 어머니 속을 끓게 하고, 나는 불평 없이 뭐든 잘 먹는 남편과 내가 만들어 주는 음식이 제일 맛있다는 순한 딸을 만나 뻔한 요리 솜씨로도 잘 살고 있다. 그래서 어떻든 사람은 살아가게 되는 건지.

어머니의 정성을 봐서라도 그 맛을 따라가지는 못해도 흉내라도 내야 할 텐데 쉽지 않다. 개성이 고향인 엄마의 손맛이 불행히도 내겐 전수되지 않은 모양이다. 알뜰살뜰한 딸을 원하는 마음을 알면서도 없는 유전자를 어쩔 도리가 없다. 대신 아버지 사업의 희비를 함께 겪으시면서 절대 사업하는 사람과는 결혼하지 말라던 것은 원하던 대로 되셨으니 크게 거스르며 살지는 않았다고 위로받고 싶다.

'딸 바라기'도 대물림이 되는지 딸은 미국에서, 엄마인 나는 한국에서 지내고 있다. 스물셋의 나를 걱정하던 어머니의 마음이 이제는 고스란히 내 몫이 되었다. 그렇지만 손에 잡히지도 않는 인내와 희생을 근사하게 포장해서 보여주고 싶지 않다. 혼자 사는 것도 괜찮다고 부추기기도 하고, 강하게 살라고 첫 음에 악센트를 줄 때도 많다.

그런데도 딸은 어려서부터 엄마 껌딱지처럼 부엌에 들어오길 좋아했다. 딸과 나도 어긋나려나 싶어 마음이 편치 않은 요즘, 문자 알림이 심심치 않게 울린다.

"엄마표 닭찜을 알려주세요."

먹방이며 쿡방이며 없는 게 없는 유튜브 공간을 즐기던 딸이, 결국 본인이 만들 때는 거기서 보여주는 '그거' 말고 어릴 때부터 먹던 '그 맛'을 찾는 것이다. 자다가 문자 소리에 벌떡 일어난 새벽이든, 지하철 안이든, 샤워하다가도 재빠르게 요리 순서를 문자로 적어 보낸다. 족보 없는 내 요리법으로 음식을 만든 딸은 제법 먹음직한 음식 사진을 찍어 보낸다.

아직은 적은 밑천으로 버티고 있지만, 언젠가 미국으로 보내는 소포 한구석에 엄마가 주신 요리책을 슬그머니 끼워 넣어야 하는 건 아닐까 싶다. 아무래도 어머니의 빛바랜 요리책은 딸의 주방에서 더욱 진가를 발휘하게 될 것 같다.

어부바

누군가의 등이 산처럼 커 보일 때가 있다. 그날 그가 그랬다.

구역예배를 마치고 식사도 끝나고 삼삼오오 모여 정겨운 시간을 보내고 있었다. 하나님보다 다른 데 관심이 많았던 나는 부엌으로 거실로 기웃거리며 집 구경을 하다가 문득 어떤 분의 등이 눈에 들어왔다. 노래를 참 잘 부르던 오십 대 중반의 성가대원이었다. 체구는 자그마한데 호탕한 웃음소리 덕분인지 평소에도 그 품이 유난히 넓어 보이던 분이었다. "글씨, 그렇단 말이씨…" 하던 정겨운 말투도 한몫해서 성가대 앞줄에 선 그를 보고 있으면 슬그머니 한국에 계신 엄마가 소환되곤 했었.

그날 그분의 작지만 따뜻해 보이는 등이 남의 집 거실 한가운데서 빛을 받아 반짝였다. 바로 그 순간 마흔을 코앞에 둔 내 입에선 준비하지 않은 말이 튀어나왔다.

"집사님, 저 한 번만 업어주세요."

미치지 않고서야… 막상 말을 뱉어놓고는 나조차도 참으로 어이없고 황당해서 말의 어디쯤을 잡아당겨 다시 주워 담아야 하나 하는 순간, 거짓말처럼 짧고 명쾌한 답이 돌아왔다.

"그러지 뭐. 자, 업혀."

무슨 짓을 한 건가 싶은 속마음과는 달리 내 몸은 이미 얌전히 그 등에 올라타 있었다. 그녀는 자기보다 큰 키의 나를 거침없이 한 번에 턱 업더니 말없이 거실을 이리저리 걸어 다녔다.

두 다리는 대롱대롱 매달려서 공중에서 기분 좋게 흔들렸고, 두 팔은 떨어질세라 그녀의 어깨와 목을 감아쥐었다. 철딱서니 없는 아줌마는 부끄러움도 잊은 채 마냥 좋았다. 아주 오래전 엄마의 등처럼 푸근하고 넉넉했다. 기억조차 희미해진 어린 시절 어느 순간이라 여기며 잊은 척 살았는데, 대서양을 건너 불쑥 찾아온 행운이었다.

故 박서영 시인은 「업어준다는 것」이라는 시에서 "누군가를 업어준다는 것은/희고 눈부신 그의 숨결을 듣는다는 것/그의 감춰진 울음이 몸에 스며든다는 것/서로를 찌르지 않고 받아준다는 것"이라고 했다. 시인의 말대로라면 난 그날 꼭꼭 숨겨두었던 눈물을 들켜버린 것이었다. 그러나 그 내보임은 부끄럽지 않았다. 뜨끈한 등 뒤에서 나도 그녀의 울음을 보았기 때문이다. 고향을 떠나있는 사람들에게는 묻고 따지지 않아도 알게 되는 게 있는 것이리라. 두 사람 사이의 경계가 무너지고 서로의 무게를 나누고 그녀가 나 대신 걸어주니 거짓말처럼 편안했다.

어부바.

아이들에게 등에 업히라고 할 때 이르는 소리다. '둥개둥개'와 찰떡같이 잘 어울리는 이 말이 내겐 언제부턴가 '행복한 기억 더듬기'를 가능하게 해주는 소리로 들린다. 아니 그저 소리가 아니라 아련하게 떠오르는 저녁나절 넉넉한 풍경이다. 그 풍경 한쪽 구석엔 짧아서 더 아쉬웠던 시간이 있고, 그 시간과 공간을 넘어선 끝에는 언제나 '울 엄마'가 있다. 매운 시집살이 속에서 온전한 내 차지가 될 수 없는 날이 더 많았던 사람, 젊고 예쁜 엄마.

운 좋게 엄마의 등에 업힌 날은 어쩌면 꿈이었을까.

'때론 칭얼대며 잠투정도 했겠지. 그러다 울다 지쳐 잠이 들기도 했을 테고. 젊은 엄마는 시아버지, 시어머니와 줄줄이 네 명의 시동생들 눈치 봐가며 딸아이 한번 업어주기도 힘이 들었을 거야. 퇴근 후, 밀어놓은 설거지는 고단한 마음보다도 더 어수선했겠지.'

바쁜 엄마를 강아지처럼 따라다니다 얻었던 짧은 사치. 이젠 기억에서조차 흩어져 가는 시간이 안타까울 뿐이다. 욕심을 부린다고 삶의 어느 한순간인들 곁에 잡아둘 수가 있을까.

플로리다에서 지내는 동안 엄마의 등이, 등에 배어있던 부엌 냄새가, 낮고 슬픈 자장가 소리와 합세하여 대책 없이 밀려오곤 했다. 비라도 오는 날이면 이런저런 상상들이 서로 부대끼며 내 안으로 쳐들어와서 쿵쾅거렸다. 그 방망이질은 불안과 슬픔을 한 뼘은 키웠다. 못 본 척하기엔 너무나 선명한 그리움의 파도였다. 그런 날이면 거실 한 바퀴로 끝나지 않는 그리움의 무게는 족히 스무 개는 되었던 2층 계단을 오르고 나서야 끝이 났다. 그때마다 남편은 '어부바'에 관한 한 구원투수와 대타 자리를 순하게 오갔다. 남편도 그날 그녀처럼 아무것도 묻지 않았다.

지금도 엄마는 내가 10년 넘는 해외 생활을 잘 버텨낸 게 엄마가 믿는 하나님 덕분이라고 생각하실 것이다. 하지만 난 어릴 적 엉덩이를 받쳐주던 엄마의 깍지 낀 두 손이 내 몸과 마음이 허방에 빠지려 할 때마다 힘껏 내 삶을 떠받치곤 했다고 믿는다.

이제는 내가 "자, 업혀." 하던 그녀의 나이쯤 되었다. 낯설고 어설퍼서 더 고달팠던 생활 속에도 가끔은 그런 조각 같은 행운들이 끼어있었다. 덕분에 녹록지 않은 시간을 견디며 지나왔고, 또 살고 있으니 '묻지도 따지지도 않고'라는 말은 '어부바'와 잘 어울릴 뿐만 아니라 그때나 지금이나 여전히 옳다.

이놈의 '어부바'는 중독성이 강하다. 요즘도 남편은 가끔 등을 내준다. 물론 이유는 달라졌다. 주부 33년 차 정도 되면 어지간한 슬픔쯤은 감추는 내공이 생긴다. 다만 관절은 내 편이 아니라서 예고 없이 발목이 어긋나니 신세를 지게 된다. 남편은 열네 개의 계단 중 고작 일곱 개의 계단을 오르고는 층계참에서 한 번 휘청한다. 갱년기를 지나며 달라진 마누라 몸무게는 그에게 전혀 친절하지 않겠지만, 난 시치미를 뚝 뗀다.

어멍

어깨가 먼저 울었다. 뒷모습을 보이며 급하게 욕실로 사라졌다. 금방 돌아왔지만, 빨개진 콧등과 충혈된 눈은 감추지 못했다. 나처럼 그냥 휴지 한 통 앞에 두고 펑펑 울면 되는데, 남자들은 그도 쉽지 않나 보다. 좋아하는 작가니까 꼭 봐야 한다며 옆에 끌어다 앉혔더니, 남편이 드라마를 보면서 처음으로 눈물 콧물 바람이다.

드라마 「우리들의 블루스」에서 어멍은 남편과 딸을 바다에서 잃고, 아들 친구네 첩으로 들어간다. 자신을 '작은어멍'이라 부르게 했던 엄마. 그 사이에서 버거운 삶을 살다 집을 뛰쳐나갔던 아들. 두 사람은 삶의 끝자락에 와서야 남편 따라와 고향처럼 살아낸 제주를 여행하며 하루를 보낸다. 말기 암 환자인 그녀에게 묻는다.

"어멍은 나한테 하나 남은 마지막 어멍까지 뺏어 간 거야. 어떻게 나한테 미안한 게 없어?"

"미친년이 어떻게 미안한 걸 알아, 네 어멍은 미친년이라. 멍청이처럼 바보처럼. 자식이 처맞는 걸 보고도 멀뚱멀뚱…."

뼛속까지 시리고 아파서 미안하단 말도 삼켜야 했던 그녀는 아들이 먹고 싶어 했던 어멍표 된장찌개를 끓여놓고, 다음 날 아침 세상을 떠난다.

'사랑한다는 말도, 미안하다는 말도 없이 내 어머니 강옥동 씨가 내가 좋아했던 된장찌개 한 사발을 끓여놓고 처음 왔던 그곳으로 돌아가셨다.'는 아들의 속울음은 결국 엄마를 끌어안고 폭발한다.

궁금하다. 남편은 어디서 눈물이 터진 걸까? 이북이 고향인 시부모님이 피난 중에 제주에서 만나 결혼했으니, 그곳 풍경 탓이었을까. 언젠가 함께 제주 여행 중에, 사시던 동네를 찾아 나섰던 적이 있다. 그때 흔적도 없이 사라진 곳을 바라보던 어머니의 허망한 눈빛이었을까. 아니면 어머니처럼 말기 암이라는 드라마 속 어멍의 아픔이었을까. 끝내 아들에게 미안하다고 하지 않았던 그녀에 대한 원망이었을까. 아마도 된장찌개를 먹으려다 움직이지 않는 어멍을 느끼고, 뒤늦게 손도 잡고 팔베개도 하고 뺨도 한번 어루만져 보고, 그러다 결국 끌어안던 그 순간이 아니었을까.

작가가 작정하고 나와 남편을 울린 유월의 어느 날에 빨갛게 동그라미를 했다. 그는 12년 전 돌아가신 엄마가 그리울 때마다, 순간순간 울고 싶었던 마음을 참다가 오늘 하루에 토해낸 것일지도 모르니까.

　2남 1녀 중 막내인 남편은 효자였다. 마누라에게 '효자 남편'은 별로 반갑지 않은 건지도 모르고 결혼했다. 그때는 대개가 그랬다. 친정엄마가 그렇게 사는 걸 지켜보며 자랐고, 시집살이란 게 원래 조금 더하고 덜하고 차이일 뿐, 집단 마취라도 당한 듯 그저 그러려니 했으니까.

　그가 10년 동안 삼성동에서 근무할 때, 회사에서 본가까지는 엎어지면 코 닿을 곳에, 집까지는 두 번쯤은 더 넘어져야 닿을 곳이었다. 본가를 거쳐야 집에 오는 '효도하기 참 좋은 거리'였다.

　퇴근길에 참새방앗간처럼 본가에 들른 그는 많은 것을 물고 왔다. 대개는 어머니가 신문에서 오려놓은 맛집 정보나 주말 여행지였다. 그러면 주말엔 예외 없이 우리 가족은 시부모님과 그곳에 가 있었다. 돌이켜보면 시부모님은 점점 당연하게 여겼던 것 같고, 성실한 남편 사전에 곁길 따위는 없었다. 다섯 살 위인 남편조차 어려웠던 어린 신부는 남편의 어명은 내 엄마는 될 수 없다는 사실에 눈뜨면서 조금씩 지쳐갔다. 자식 교육을 위해 떠나간 미국에서 난 조금 숨을 쉬었지만, 어머니는 서운하셨을까.

　어머니는 폐암 말기 판정을 받던 날까지도 탁구 레슨을 받으며 평소와 다름없이 건강하고 활동적으로 사셨다. 멀리서 안타까운 마음을 접던 남편은 나와 딸을 미국에 두고, 보따리를 싸 들고 서울로 가서 엄마

곁을 지키기도 했다. 미국과 한국으로 오가며 힘든 시간을 보냈다.

 의사의 말을 증명이라도 하려는 듯, 딱 병원에서 말한 만큼 투병하셨다. 어쩌면 그것도 어머니다웠다. 돌아가시던 전날 밤, 시누이와 우리 부부는 함께 병실을 지켰다. 자꾸 물을 찾으셨지만, 그조차 드릴 수 없어 셋이 돌아가며 거즈에 물을 묻혀 입술을 닦았다. 여름밤은 참 짧았다. 다음 날 어머니는 더는 목마르지 않은 곳으로 떠나셨다.

 지금도 아프리카 빼고 세계는 거의 다 돌아보셨으니 참 행복한 삶이었다고 얘기하지만, 남편에게는 위로가 되지 못하리라.

 가까이서 소소한 일상들을 함께 살아내고 여러 곳을 돌아다닌 덕분에 어머니에 대한 기억은 차고 넘치는 건 물론, 시간을 거슬러 선명하기까지 하다. 그런 얘기들을 자주 남편과 나눈다. 좋아하셨던 음식은 물론 말투며 손짓, 자잘한 버릇까지도 그보다 더 잘 알고 있다. 남편이 "어, 몰랐는데 그러셨나?" 혹은 "맞아, 우리 엄마가 그랬지" 할 때면, 지쳤던 날들이 다 억울하고 나쁜 것만은 아니었구나 싶다. 엄격한 시어머니 대명사로 불리는 어느 여배우와 겉모습이 정말 꼭 닮은 어머니는 가끔 TV 출연도 하고, 며느리 꿈에 더 자주 출몰하신다. 그런 날엔 곁에 계신 듯 반갑기도 하고, 어떤 날은 남편에게 "내 꿈 살래?" 하며 뜸을 들인다.

 이젠 어렵기만 했던 남편의 큰 눈이 어디쯤 가 있는지 훤히 다 보인다.

"주말에 어멍 보러 갈까?"

"좋지."

"무슨 남자가 이렇게 쉬워?"

그가 대답 대신 순하게 웃는다. 어머니 묘역 앞에서는 울다가 웃다가 할 게 뻔하다.

31층 바다

엄마의 바다.

물속에서 딸이 튀어 올랐다. 수영장 한쪽 벽을 두 발로 밀고 턴을 하더니 다시 내가 있는 쪽으로 유유히 돌아왔다. 서른셋인 딸의 수영하는 모습을 가까이서 본 것도 오랜만이라 생경했지만, 가르친 적 없다고 알고 있던 '턴'을 하고 있다는 사실이 더 당황스러웠다. 나와 같은 마음이었는지 남편이 저쪽 끝에서 소리쳤다.

"어, 턴을 언제 배웠어?"

운동을 입구에서 배우다 이런저런 핑계를 대며 포기했던 나는 어른이 되어 후회하곤 했다. 아이가 운동을 배울 때 내가 강조한 건 늘 '폼'이었다. 시간이 지나도 몸이 기억한다는 생각이 컸다. 멀리 있는 수영장까지 찾아간 것도 프로그램이니 속도니 하는 말에 휘둘리고 싶지 않아서였다. '논다'는 마음으로 천천히 나아가는 게 보기 좋았다. 아쉽게도 턴을 배우기 전에 선생님 개인 사정으로 막을 내리긴 했지만.

돌아보면 이런 일들은 생각보다 자주 있었다. 치마폭인가 싶으면 마당에서 뛰어놀고 있었고, 내 곁인가 싶으면 자기만의 방이었지만, 그래도 문은 닫지 않아서 고마웠다. 가끔 힘든 하루는 시간을 더디게 흘러가게도 했겠지만, 맛있는 밥상 앞에서 쉽게 잊히는 정도였다. '식구食口'라는 말은 생각보다 힘이 세다. 사춘기와 갱년기가 충돌해서 누구 편을 들어야 할지로 남편을 곤란하게 만들지도 않았다. 그래도 '딸바보'인 남편의 답은 내가 알고 세상이 알고 있었다. 그저 경계 없는 바다에서 아이가 잘 놀고 있으려니 했다.

31층 바다.

딸은 태어나서 11년을 한국에서 살았고, 그 이후 두 배인 22년을 미국에서 살고 있다. 그 22년 중 반을 우리 부부와 함께 살았고, 나머지 반을 지금까지 혼자 살고 있다. 학생 딱지를 겨우 뗀 사회인 4년 차다. 긴 공부를 졸업하면서, 직장까지 걸어 다닐 만한 곳에 31층 아파트를 얻었다고 했다. 필라델피아 다운타운이 시작하는 강가였다. 서울서 그 소식을 들을 땐 31층이란 말에 먼저 멀미가 났다.

"와, 뭐가 그리 빨라?"

"집 보러 다닐 시간도 없고, 대기 올려놓은 곳에서 빈집 났다길래 그냥 바로 계약했어요."

"31층, 거기선 뭐가 보이는데?"

"하하하. 다 보이지. 강도 보이고 멀리 하늘도 보이고 도시 전체도 한눈에 보이고."

"그렇구나. 다 보인다니 엄마도 좋다."

땅바닥에서 발이 떨어지면 위험한 줄 아는 소심한 내게 31층은 다른 세계처럼 들렸지만, 그래도 다 보인다는 말은 듣기 좋았다.

이사에 맞춰 간 그곳에서 나를 맞은 건 몇십 개의 박스였다. 이삿짐센터에서 그저 던지고 쌓아놓고 가버린 공포의 박스들을 하나씩 뜯어가며 모든 것이 우리 손에서 시작해서 우리 손끝에서 끝났다. 그제야 거짓말처럼 가려졌던 창이 드러나고, 아이가 말했던 '다'가 나타났다. 낡은 아파트는 그냥 그대로 하늘 가까이 떠 있는 바다였다. 그러고 보니 지금은 쓰지 않지만, 초등학생 때 딸이 처음 만든 아이디가 '바다하늘badahanul'이었다. 이렇게 현기증 나는 바다에서 괜찮을까 궁금했지만, 바다의 주인은 이미 오래전부터 준비된 것처럼 담담했다.

낡은 아파트는 가끔 신음했다. 대개는 자잘한 고장들이었지만, 강 가까이 있다는 것이 늘 마음에 걸렸다. 결국 지난여름엔 강물이 넘쳐 지하주차장이 잠기고 정전과 단수가 됐다. 불안한 마음도 들고, 몇 년을 한 곳에 살았으니 새로 지은 곳으로 이사하는 건 어떨까 싶었다. 딸은 잘 갖춰진 아파트를 보고 와서 고민하는 듯하다가 막상 여기만큼 다 보이는 곳은 없다며 다시 재계약 했다. 한복판은 꽉 막혀 답답하다고.

오늘은 해 질 무렵 하늘이 오렌지색이지만, 며칠 지나면 청보라색이 된다며 계절 따라 인증샷이 날아왔다. 구름이 흘러가는 그림 같은 사진도 오고, 불꽃놀이의 절정도 왔다. 창을 통해 찍힌 사진들이 한 장 한 장 그대로 엽서였다. 그래도 비가 오면 강물이 잔뜩 불어난 사진에 여전히 엄마 마음은 열네 시간의 시차를 두고 덜컹거렸다.

1년에 두 번쯤 31층 바다에 간다. 거기선 일주일에 네 번, 아침 8시부터 저녁 5시까지 온전히 혼자다. 유능한 선생님은 없지만, 숨 쉬는 것부터 다시 배운다. 서울에선 누릴 수 없었던 게으름도 부린다. 멍도 때린다. 국적 없는 집밥도 열심히 만든다. 도시 구석구석을 눈으로 발로 걷는다. 아이처럼 저절로 턴도 배운다.

두 바다는 바위에 부딪고 파도를 만났다가도 결국 다시 섞여서 각자의 길을 따라 흐른다. 신기하게도 바다는 어디든 경계가 없다.

이른 아침 딸이 출근한다. 창문에 코를 박고 겨우 아래를 내려다보니 아이가 '점'으로 보였다가 금방 사라진다. 작은 어깨에 세상을 짊어진 뒷모습이 신기해서 먼 1층 바닥을 향해 휴대전화를 들이댄다. 까만 점으로 찍힌 사진을 두 손가락으로 늘려보니 아이가 희미하게 보인다. 방금 전 집을 나서며 딸이 남기고 간 말도 함께 살아난다.

"엄마, 여기서 오늘 하루도 재미있게 놀고 계세요."

앗! 늙겼다.

진주 출생
1998년 『수필문학』 등단
제20회 수필문학상 수상
한국수필문학가협회 이사
『한국산문』 운영위원
수필집 『그남자의 연못』 『무법자』
공저 『너에게 나는 어떤 풍경일까』
✉ qlcqlc33@daum.net

정순인

삶 너머 삶

> "개인의 희로애락이 각계각층各界各層에서 모이면 사회의 기류가 된다.
> 특별한 사람이 아니라 가까이 있는 인연들의 삶에서
> 그 기류를 미묘하게 느낄 수 있게 하는 것,
> 그것이 내 글쓰기의 시작이며 재미다."

1. 나는 대장이었다
2. 방석 위에 두고 온 명상
3. 빨간색 사다리
4. 그 시절, 살았거나 혹은 죽은 자의 고통
5. 마지막 소유욕, 수필집
6. 아직도 궁금하다

나는 대장이었다

나는 대장이었다. 여섯 명의 질녀와 일곱 명의 조카가 수하였다. 미국에서 태어나 그곳에서 사는 세 명을 제외하고 부릴 수 있는 아이는 열 명이 전부지만 대장으로서 위세를 부리는 데 부족함이 없었다.

권세는 길었다. 수십 년 동안 흔들리지 않았다. 그 자리를 지키는 최대의 무기는 용돈이었다. 만나는 날이면 미리 준비해 둔 돈 봉투로 충성을 다하게 만드는 것은 누워 떡 먹기. 어릴 때는 공부 열심히 해라, 예의 바르게 행동해라 하고, 커서는 시시콜콜한 훈시를 지루하게 해도 아이들은 충실한 신하임을 증명하듯 네 네 했다.

대장으로서의 위세가 하늘을 찌르는 날은 모든 가족이 모이는 날, 그중에서도 설날이었다. 한복을 예쁘게 차려입은 질녀들과 새 옷을 입은 조카들이 차례를 끝내고 세배할 때다. 모인 어른들은 다 함께 절을 받자고 제의하지만 나는 거절하고 앉은 자리까지 상석으로 옮겨 아이들을 나이순대로 줄을 세웠다. 한 명씩 절을 받고 흡족한 자세가 안 나오면

세뱃돈 봉투를 들었다 놨다 하며 다시 시켰다.

아이들이 초등학생에서 중고등학교를 거쳐 대학생이 될 때까지 나의 위세는 견고했다. 봉투 두께가 조금씩 두꺼워지기는 했지만, 권위가 물처럼 자연스레 흐르며 아이들의 나이를 가볍게 따라잡았다.

그런데 아뿔싸! 철옹성 같았던 내 권세에 미세한 균열이 생기기 시작했다. 아이들이 전부 돈을 벌고 하나둘 결혼하면서부터다. 바쁘다는 이유로 모이는 게 뜸해지더니 급기야 내게 용돈을 안겼다. 권세의 기반인 용돈, 그 무기를 휘두르지 못하면 부하를 잃는 건 한순간. 노심초사 중에 강력한 복병까지 만났다.

우리 집안의 변화다. 큰오빠가 돌아가시고 남동생이 제사를 모시면서 조카들이 모일 기회가 줄어든 것이다. 안 지내면 큰일 날 것 같던 조부모님 제사를 없애고 부모님 제사도 두 분을 합쳐서 한 번만 지낸다. 그것도 함께 모여 음식을 하는 게 아니다. 딸 아들 구별 없이 각자 집에서 한두 가지 만들어서 모인다. 예전처럼 제수를 준비하며 시끌벅적 나누던 이야기는 언감생심. 제사를 마치면 각자 집에 가기 바쁘다. 게다가 조카들은 직장 일이나 이러저러한 이유로 번갈아 참석 안 하니 대장 노릇 하기에는 인원수나 시간이 턱없이 부족하다.

기대했던 명절마저 조카 부부가 오전에 왔다 가고 질녀 부부는 오후에 오고 안 오는 아이가 있어 명절의 떠들썩한 기운은커녕 적막하기 그지없는 지경이 되었다. 이러니 아이들을 거느리는 나의 재미, 대장 노릇은 세월과 세태의 자연스러운 흐름과 변화, 그로 인한 부하들의 부재로 멀지 않아 끝이 날 수밖에 없다.

요새 들어 걱정은 대장 노릇은 못 한다 해도 조카 세대에서 제사가 사라지지 않을까 하는 거다. 국가의 안정적인 존립에 영향을 미치는 출생률 저하가 이미 우리 집안에서도 시작되었다. 거기에다 대가족 위주에서 핵가족으로, 혈연끼리 어울리는 것보다 개인적인 생활을 더 중하게 여기는 시대다. 점차 함께할 식구가 줄어들 테니 기일에 모여 고인을 추억한다는 의미마저 퇴색할 게 뻔하다.

어쩌면 명절마저 '그때는 집안 가족들이 모여 인사를 나누고 그랬었지'라며 추억 속에나 존재하는 풍습이 되어 있을지도 모르겠다. 상상하면 '오호통재嗚呼痛哉, 통재로다'가 절로 나온다. 아니지, 이 말마저 구시대적 발상으로 화석 취급받을 수도 있겠다.

그렇다고 해도 현재의 내 마음을 말하라 한다면 오호통재, 통재로다, 라는 표현밖에 할 수가 없다.

방석 위에 두고 온 명상

　탁한 날이 며칠간 이어지더니 오늘은 언제 그랬냐는 듯 맑다. 오대산 자락에 있는 명상마을에 가는 날인지 날씨가 아는 모양이다. 기대가 풍선인 양 부푼다.
　세 시간 만에 도착한 명상마을. 데이지꽃이 온통 뒤덮은 넓은 정원. 봄 여름 가을 겨울의 이름을 각각 달고 있는 나무로 지어진 이 층 숙소와 여러 채의 단층 숙소. 위치 배열이 정원과 어우러져 예쁘다.
　관리동 로비에서 마을 안내장을 받아 머무는 동안 내 방이 될 곳에 짐을 푼다.
　방 안은 간결하다. 침대 하나와 창가에 있는 나뭇결이 살아있는 책상과 의자가 전부다. 일반적인 구조와 다른 점이 있다. 벽 일부분에 천장 부근에서부터 세로로 긴 창이 있는 거다. 그 밑에 방바닥보다 한 뼘 높이로 사방 1m 정도의 마루가 깔려 있고 방석이 놓였다. 이곳 이름에서 알 수 있듯 명상하는 공간이다. 창으로 들어오는 빛과 풍경을 도반 삼아 세상사에 쉽게 요동치는 생각에 쉼을 줄 만하다.

산책에 나선다. 데이지를 벗 삼아 걷다 보니 소설가 조정래의 문학관이 나온다. 한옥이라 주변의 산과 어우러져 운치가 있다. 그러나 적막하다. 혹시 이 집은 많은 날이 산을 휘돌아 방문하는 바람과 풀꽃 향기만 사는 게 아닐까. 명성을 문패로 내세운 껍데기 서재이면 어쩌나 하는 생각이 잠시 스친다.

빛이 서서히 사라진다. 식당을 찾았다. 넓은 홀에 석양을 광배 삼아 부처님이 연꽃 한 송이 들고 실내를 일별하고 계신다. 이곳이 사찰이 만든 시설이라는 걸 새삼 안다. 드문드문 방문자가 식사 중이다.

이른 아침이다. 백옥 같은 햇빛이 창을 넘어온다. 방석에 앉아 마음 한 자락 꺼내 든다. 있는 그대로 지켜봐야 할 마음이 얼마 못 가 흔들린다. 귀는 새의 지저귐에 쏠리고, 눈은 창밖의 꽃에 머문다. 명상은 아무나 하는 게 아닌 모양인가. 떨치고 일어나 밖으로 나선다.

데이지 꽃잎 위에 동글동글 맺힌 이슬이 빛난다. 천상에 보석이 있다면 이렇지 않을까. 엄지와 검지로 잡으려다 놓친다. 욕심이다. 내 것이 아닌 것을 탐한 탓에 이슬 몇 방울 도르륵 땅에 떨어져 부서진다.

인기척이 난다. 양팔에 목발을 낀 칠십 대로 보이는 노부인과 사십 대의 여인이다. 내게 카메라를 주며 촬영을 부탁한다. 몇 컷을 찍고 젊은 여인은 자리를 옮긴다. 노부인은 식당에서 혼자 밥 먹는 걸 봤다며 말을 건다. 한 달 전에 영감님을 하늘로 보낸 일, 함께 온 여인은 영국에서 장례식에 참석하러 온 딸이며 직업이 한의사라는 것. 관절이 안 좋아 목발을 한 사연. 아들과 사는데 분가해야겠다는 이야기까지. 오랜만에 고향 사람을 만난 듯 말을 잇는다. 정원수 판매업을 크게 했던 영감님이 살아 계셨다면 이곳에 나무를 기증했을 거라며 말이 길어진다.

  차마 자리를 뜰 수 없다. 어쩌나. 정원 밖의 숲이, 계곡 물소리가 내 숨결을 기다릴지 모르는데. 젊은 여인이 노부인을 부른다. 이제 해방이다.

  발걸음은 가볍지만, 의문 하나 똬리를 튼다. 노부인이 자신의 내력을 타인에게 말하는 것은 수다스러운 성격 탓인가, 아니면 동행인 딸도, 그 누구도 해결해 줄 수 없는 근원적 외로움을 알리는 비명인가.

  숲 언저리에서 발길을 돌린다. 홀로 명상마을을 찾은 나는 어떤가. 햇빛 맑은 방에서 현재의 나를, 비밀처럼 겹겹으로 싸 놓은 외로움을, 있는 그대로 대면해야 하지 않을까.

  방석 위에 두고 온 명상, 너를 붙잡아 나를 보기 위해 예쁜 데이지 정원을 지나 방으로 향한다.

  여린 나무 한 그루가 문 언저리에서 살며시 춤추며 반긴다. 너도, 참 예쁘다.

빨간색 사다리

　빨간색 밧줄 사다리가 허공에 떠 있는 영상이 메시지로 왔다. 도둑이라는 단어만 적혀 있다. 미국에 사는 언니가 보낸 거다. 놀라서 전화했더니 도둑이 두고 간 거란다.
　언니는 쇼핑센터에서 귀금속 판매를 한다. 출근해서 알게 된 상황을 찍은 거라 했다. 대형금고의 앞면과 옆면을 쇠톱과 전기드릴, 망치로 부순 파편이 주위에 널브러져 있지만 도난당한 물건은 없단다. 쇼핑센터의 지붕을 뚫어서 빨간색 사다리를 타고 내려왔지만 훔쳐 가지는 못한 거다.
　일반적으로 선정적이라거나 열정을 나타내는 색이 빨간색이건만 허공에서 흔들리는 사다리는 사뭇 위협적이다. 하긴 무서운 일에 암시적으로 쓰이는 색이기도 하니 도둑이 선택한 것으로 적당했는지도 모르겠다.
　언니의 전 재산인 금은보석을 굳건히 지켜낸 금고는 만든 지 30년이 넘은 제품이다. 한번 교환한 열쇠는 디지털로 날렵해 보이지만 몸체는 듬직하기 그지없다. 외부면은 두꺼운 강철이고 내부면은 20cm의 콘크리트와 쇠가 입혀져 마무리되어 있다.

이 금고의 수난은 이번이 처음은 아니다. 세 번째다. 첫 번째는 오래전에 일어났다. 금고가 놓인 쪽의 상점 벽을 뚫고 들어와서 금고의 옆면을 전기톱으로 자르려다 실패했다. 두 번째는 디지털 번호판을 부수다가 출동한 경찰에 들켜 도망갔다.

이번 경우는 매장을 쇼핑센터의 중간 부분으로 옮긴 후에 일어났다. 도둑 딴에는 바깥쪽 알람이 울리는 센서를 피해 천장에서 내려오는 치밀한 방법을 택했지만 강하디강한 금고에 역시 패했다.

3전 3승. 세 번의 도둑을 다 물리친 무패의 금고는 언니의 최고 보물이라 불러도 과하지 않을 듯하다.

그런데 문제는 한 번도 범인을 잡지 못한 거다. 이번에는 비슷한 시기에 같은 업종의 한국인 상점 몇 군데도 털렸다 한다. 한 곳은 금고 두 개에 백만 달러 이상의 보석이 있었는데 몽땅 도난당했다. 어떤 분은 퇴근 후에 다음 날 도매상에 가서 교환하기 위해 가져온 보석이 든 가방을 집 앞에서 강탈당했다. 뺏기지 않으려 하다가 흉기에 옆구리가 찔리는 인명사고까지 있었다. 이 사건들 역시 범인을 검거 못 했다.

동서양을 막론하고 살기에 팍팍한 세상이 되면 도둑이 좀 더 많이 출몰한다. 요즘이 그런 세상이지 싶다.

같은 지역에서 일어난 비슷한 사건의 범인들을 못 잡는 이유가 어디에 있을까. 이들은 좀도둑이 아니고 금고 털이범이며 강도다.

미국은 우리나라보다 공공장소에 CCTV가 많지 않다고 한다. 그렇다고 해도 언니의 상점이 있는 쇼핑센터 내외부에는 감시 카메라가 여러 대 설치되어 있다.

도둑이 냉장고의 음료수를 마시고 병을 버리고 간 것에서부터 몇 가지 흔적을 남겼다. 지붕에서 상점 중앙까지 사다리가 정확하게 내려온 걸로는 여러 번 답사했을 수도 있다. 혹시 내부 공모자가 있지 않을까 하는 생각이 든다. 감시 카메라를 좀 더 세밀히 분석하거나 DNA 검사만 해도 범인의 윤곽이 잡힐 것 같은데 결과가 없다. 할리우드 영화를 보면 과학적 분석이나 형사들의 노력으로 범인들을 척척 잡아내더니만 영화는 영화일 뿐인 모양이다.

언니는 이민 생활 47년 차, 한국계 미국 시민이다. 그에 따른 법적인 모든 의무를 다하고 산다. 도난당한 분들 역시 시민권을 받은 지 오래다.

어쩌면 이민자라서, 백인들의 일이 아니라는 것 때문에 경찰의 수사가 느슨한 게 아닐까 하는 의심마저 든다.

대부분의 나라가 인터넷으로 소통한다. 병균마저 팬데믹의 이름으로 공유하며 좋든 싫든 세상이 연결되는 시대다. 이제 그만할 때도 됐다. 공권력만이라도 인종 차별을 안 했으면 한다. 언니가 남은 생을 보낼 나라이기도 하고, 미국에서 태어난 언니의 후손이 살아갈 조국이기도 해서이다.

그 시절, 살았거나 혹은 죽은 자의 고통

울컥 눈물이 솟았다.

남북정상회담이 생중계되는 중이었다. 나라가 들썩이는 일이지만 나는 무덤덤했다.

대통령이 바뀔 때마다 남북의 화해 분위기는 달랐다. 정치권력의 신념과 통치 방법에 따라 온탕과 냉탕을 번갈아 가며 평화를 원하는 국민의 마음을 들었다 놨다 했다. 불과 몇 달 전까지 북한은 우리나라와 긴밀히 얽혀 있는 미국 본토를 타격할 수 있는 미사일을 시험 발사했다. 이번이라고 일회성이 아닐까 싶었다. 대부분의 TV 채널이 중계하니까 켜놓고 가끔 화면을 힐끔 보는 관심이 전부였다.

그런데 화면으로 돌린 시선에서 우연히 마주친 한 장면. 두 정상이 손을 잡고 남북의 경계선 북쪽으로 한 발자국 넘어간 그 10초의 시간과 만났다. 순간 번개가 친 다음의 천둥처럼 눈물이 난 거였다. 후에 정상회담 3대 명장면 중의 하나로 뽑혔다지만 내게는 외할머니를 생각나게 하는, 그분이 겪었던 고통과 그리움 때문이었다.

할머니는 대한민국이 온전한 하나였을 시절에는 2남 2녀를 둔 평범한 어머니로 사셨다. 신지식 여성인 첫째 딸이 만인의 평등과 행복을 위한다는 공산주의 사상을 행동으로 옮겨 활동을 시작하고, 큰아들마저 동조하면서 이념으로 갈라지는 나라의 고난 한복판으로 들어가기 전까지는 말이다.

할머니의 삶은 급속히 변했다. 경찰인 막내아들은 숨어 다니는 형과 누나 때문에 제 위치에 설 수 없었다. 종내에는 행방을 대라는 동료 경찰들의 모진 고문까지 감당해야 했다. 6·25전쟁이 터지면서 만신창이가 되어 온 막내를 본 할머니의 마음은 어땠을까.

포화 속에 잠시 정세를 살피고 오겠다며 아픈 몸으로 나가서 연락 없는 막내아들. 기어이 체포되어 교도소에서 총살당한 큰아들. 시신이라도 거두겠다며 감옥으로 달려가 죽은 이들 사이를 헤집고 다녔다던 할머니. 그분이 겪었던 나날들은, 현재의 나는 감히 상상하는 것조차 두려운 일이다.

전쟁은 오래전에 멈추었다. 남과 북으로 분단되면서 혈연이 헤어지는 슬픔이 남았다. 중간중간 북의 간첩이 출몰하고 판문점 도끼 난동사태와 연평도 폭격과 천안함 사건이 있었지만 그런대로 줄타기하듯 평온을 유지했다.

시간은 무심히 흐른다. 전쟁의 소용돌이 속에서 죽었거나 혹은 고통스럽게 생존한 분들이 겪었던 일을 아는 세대가 줄어간다. 우리 집안에서도 전쟁을 어렴풋하게나마 기억하는 분은 언니밖에 없다. 큰아들과 큰딸, 소문으로 듣게 된 작은아들의 죽음을 가슴에 안고 돌아가신 외할머니의 비통한 삶도 옛이야기가 되어 나의 글에만 남을 것이다.

남과 북의 두 정상은 맞잡은 손의 온기로 '평화'라는 큰 결단을 내릴 수 있을지, 주변국들의 정치적 이익과 맞물려 움직이는 한반도가 자유로울지는 알 수 없다. 전쟁을 겪어보지 못한 세대가 혹여 다시 일어날지도 모를 동족 싸움의 불안감에서 놓여나는 것만이 윗세대가 겪었던 아픔을 조금이라도 보상받는 일일 거다.

눈물로 흐려진 눈을 감는다. 은비녀로 쪽 찐 머리에 옥빛 한복 입은 할머니를 마음에 안는다. 그분의 고통을 토닥이며 영원히 전쟁 없는 대한민국을 상상해 본다.

마지막 소유욕, 수필집

 이사할 때마다 책이 줄어든다. 다시 읽지 않고 소유욕만 채우는 장식품이 된 탓에 집을 옮길 때마다 아껴둔 곶감 빼주듯 기증해서다.
 맨 처음 보낸 책은 전집류였다. 세계 명작, 한국 명작, 고전 등의 이름을 명패처럼 단 책이었다. 보기만 해도 품위를 느끼는 장정에 금박 글씨로 서재를 황실 분위기로 만들던 것이다. 읽는 맛을 느끼게 해준 책들이라 곱게 키운 딸 시집보내는 기분이 이런 게 아닐까 싶은 마음이 들었지만 필요하다는 중앙승가대에 보냈다.
 도서관에 자리 잡고 사람들의 손길과 눈길을 받는다면 책이 가진 본연의 임무, 영혼의 양식이 될 터. 책장에서 붙박이로 있는 것보다 더 나으리라 생각하니 서운함이 덜했다.
 두 번째 보낼 때는 포장하는 손이 조금 떨렸다. 종이에서 연한 황톳빛이 나고 묵은 먼지의 향이, 간직한 세월을 말해주는 단행본들이다. 의미가 담긴 짧은 글이 속지에 한두 술 적혀 있어 정인情人을 내지는 심성이었다. 그러나 그 역시 책을 원하는 곳에 부쳤다.

내게는 되돌릴 수 없는 지나간 시간 속의 작품집이고 연관된 사연이 깃든 것이지만 다른 이에겐 읽는 순간이 바로 현재가 되어 책 속의 이야기에 공감할 수 있으면 하는 바람이 있어서였다.

이제 남은 건 수필집뿐이다. 보내는 이의 정성이 속표지에 적힌 내 이름 위에서 빛나고 있어 차마 곁에서 떼어낼 수가 없었다. 이야기를 나누었던 분, 스치듯 뵌 적이 있는 분, 혹은 존함만 들었던 분의 작품집이 이제는 한결 단출해진 책장에서 인사를 한다. 작가들의 생각과 감성, 정을 담은 글이 각각의 개성을 나타낸 표지 속에서 따뜻한 기운을 보내는 것이다.

마음을 감싸는 옷이라 여기는 수필이 가득 담긴 책들과의 인연이 언제까지일지는 아직 모른다. 또다시 이사하게 된다면 마지막 물욕마저 덜어내는 느낌으로 작별할지 아니면 세상을 떠날 때까지 옆에 둘지 확신이 없는 채로 풋풋한 사랑을 나누고 있을 뿐이다.

아직도 궁금하다

옆 동네에 사는 큰언니가 국을 갖고 왔다.

언니의 가까운 거리 이동 수단은 자전거다. 달리는 중에 흔들려 쏟아질까 봐 냄비에 랩을 씌워 뚜껑을 닫고 또 랩을 씌운 후에 보자기로 단단히 싸서 자전거 바구니에 담아 가져온 곰국이다.

무거워서 두 팔로 안고 집 안으로 들어서는 모습에 미안해서 물었다. "이거 어떻게 만드는 거예요?" 하니까 안 할 걸 뻔히 아는데 하는 표정으로 말한다. 사골과 잡뼈를 찬물에 오십 분쯤 담가 피를 뺀다. 같은 방식으로 한 번 더 이십 분 정도 우려낸다. 물을 끓여 뼈를 살짝 데쳐 들어낸 다음 냄비 물을 버린다. 다시 물을 부어 뚜껑을 열고 서너 시간 정도 고우면 된다 한다. 잡냄새 없이 끓이는 방법이란다.

말만 들으면 쉽다. 하지만, 내겐 어렵다. 몇 시간씩 지켜볼 재주가 없다. 게다가 핏물을 보고 만지는 게 역겹다. 국에 소금과 후추 뿌려 파 송송 썰어 넣어 먹기는 잘하면서 만드는 걸 싫어하니 배짱이 심보다. 괜히

물어보는 얌체다.

　이런저런 이야기를 하다가 집에 가야겠다며 일어서는 언니를 보니 평소 들고 다니는 핸드백이 안 보인다. "핸드백 안 가져왔어요?" 물었더니 주위를 두리번거리다 쏜살같이 뛰어나간다.

　내 집은 무인 경비 시스템인 고층 아파트다. 자전거는 지하주차장에 세워놓고 올라온다. 말이 지하지 단지 내 도로에서 보면 1층이다. 완만한 곡선의 언덕 위에 있는, 실제 1층 현관보다 동선이 짧다. 그래서인지 걷는 주민들의 주요 통로가 된 지 오래다. 자전거가 자가용인 언니도 현관보다는 주차장을 이용한다.

　11층인 집에서 기다리지 않고 바로 엘리베이터를 타면 주차장까지 30초. 만약 기다렸다가 탄다면 상황을 알기까지 2~3분은 걸린다. 핸드백이 없으면 어쩌지. 카드, 집 열쇠, 신분증, 휴대전화 그리고 비상금이 있을 텐데. 초조해서 거실을 몇 번 왔다 갔다 했더니 문 열리는 소리가 들린다. 손에 핸드백이 들려 있다.

　"와~ 우리 동네 주민들 멋지다!"

　다음 날, 주차장에 내려와 자동차를 세워둔 곳에 가기 전이다. 전날의 일이 생각나서 언니가 자전거를 세워두곤 하는 장소를 일별하고 고개를 돌린 순간, 있었다. 4m쯤 떨어진 곳 천장에서 위풍당당 쏘아보고 있는 CCTV.

　"저것 때문이었을까?"

아니야. 그럴 리 없다. 남의 것을 탐하는 사람들이 없어서일 거야. 잠깐의 의심을 뒤로하며 차를 타고 시동을 걸었다.

외부인도 왔다 갔다 한다. 그 시간대에 들락거린 사람들에게 유혹의 떨림이 정녕 없었을까……. 운전하면서 의심이 되새김처럼 일었다.

한참의 시간이 흐른 요즘 아직도 궁금하다.

핸드백이 얌전히 있었던 것은 양심 때문일까 혹은, 뚫어지게 쳐다보는 CCTV 효과인가. 정말 어느 쪽일까? 아니면, 이런 생각 자체가 맹자의 성선설에 확신이 없는 지극히 개인적인 나의 문제일 뿐인가.

강원도 춘천 출생
2001년 『문학21』 등단
한국문인협회 회원
한국산문작가협회 회원
공저 『너에게 나는 어떤 풍경일까』
✉ nalojin5@hanmail.net

임옥진

지난날의 수다

> 지나간 것은 모두 그리운 것이 된다고 말한 사람은 푸시킨이던가.
> 누군가가, 그리운 것이 있는 사람들은 행복하다고도 했다.
> 어린 시절 감격했던 진津주황빛 노을, 벽을 타고 올라가던 담쟁이,
> 복작거리던 가족들. 점점 멀어지기에 더 아름다운 지난날이다.

1. 흉터도 삶의 무늬다
2. 사마귀는 어디로 갔을까
3. 애기의 정성
4. 다시 꾸는 꿈
5. 닭 이야기
6. 그것도 하나 못 맞춰주고

흉터도 삶의 무늬다

비가 올 듯 종일 흐렸던 하늘이 저녁 무렵에는 말갛게 걷혔다. 엷은 밀감 빛 노을이다. 어린 시절엔 석양이 왠지 쓸쓸해서 싫었는데 나이를 먹으면서는 일종의 체념인지 그것도 무덤덤해진다.

시작은 골목에 놀러 나온 일이었을 것이다. 골목은 조용했고 환하고 부드러운 햇살이 가득 차 있었다. 집 청소마저 끝낸 엄마가 한숨 돌리고 있는 틈을 타 나는 동갑인 옆집 아이와 골목으로 나갔다. 근처에 있는 학교에 가면 미끄럼틀이며 그네며 시소가 있지만 여섯 살은 아직 혼자가 무서운 나이다. 오히려 동네 어귀의 완만하게 경사진 그곳 축대가 더 재미있는 놀이터였다.

"난 여기서 뛰어내릴 수 있다~." 친구와 나는 번갈아 가면서 그 축대에서 뛰어내렸고, 자신감이 생기면 조금 더 높은 곳으로 올라갔다. 그래 봐야 어른 한 걸음이었겠지만. 장난스럽게 나비처럼 팔을 벌리고 폴짝 뛰어내렸을 때 나는 보았다. 그 아이가 입을 앙다물고 자기 주먹보다 큰 돌멩이를 들고 나를 보고 있는 것을.

초등학교 삼 학년 때였다. 운동장에서 고무줄놀이할 때면 잘 드는 면도칼로 잽싸게 고무줄을 끊어 달아나는 남자아이들이 그때는 많았다. 고무줄을 강탈(?)당하고 댓 뼘쯤 남은 걸 흔들며 속상해할 때, 잃은 만큼의 고무줄을 슬그머니 내밀던 공씨 성의 아이가 있었다. 밀어내면 책상 속에 집어넣고 가곤 하더니 차츰 지우개나 크레파스를 빌려달라며 친한 척을 했다.

나는 그 아이가 싫었다. 소매 끝이 반질반질한 것도, 고슴도치 같은 머리도, 주위에 서너 명의 또래들을 몰고 다니며 개구쟁이짓 하는 것도. 어느 날 집으로 가는 길에 뒤따라오던 그 아이가 말했다. 네 이마 왜 그래? 그때야 내 이마에 흉터가 있다는 걸 알게 되었다.

"엄마, 나 이게 왜 생겼지?"

"너, 생각 안 나? 성희가 돌 던진 거."

성희? 수면 아래 가라앉아 있던 기억이 슬금슬금 떠올랐다. 여자아이, 환한 햇빛이 가득했던 골목, 돌멩이. 그때 성희는 저보다 높은 곳에서 두 팔을 벌리고 뛰어내리던 노란 원피스의 내가 햇살 아래에서 금빛 날개를 팔랑이는 나비처럼 보여 샘이 났던 걸까. 아니면 저보다 높은 곳에서 뛰어내린 게 샘이 났던 걸까. 엄마의 말이 이어졌다.

"기절한 널 애실이네 언니가 안고 왔어. 눈에 돌을 맞은 줄 알고 얼마나 놀랐는지 몰라. 눈이 안 떠질 정도로 이만큼 통통 부어올랐어."

엄마는 주먹을 눈에 대었다. 어린아이의 비명을 듣고 뛰어나왔을 윗집 어른들, 엄마를 소리쳐 부르며 우리 집으로 달려갔을 누구, 아이를 안고 뛰었을 애실이네 언니.

"걔네 엄마는 그저 어떡하지, 어떡하지 그러고만 있더라."

엄마는 아직도 속이 상하고 분한지 어린 내 앞에서 씩씩거렸다. 일이 그렇게 되었었구나. 손가락으로 만져보니 뼈가 조금 들어가 있었다.

크면 해주겠다던 수술은 순위에서 항상 뒤로 밀렸다. 여섯이나 되는 자식들이 해마다 한 명씩 대학교로, 고등학교로, 중학교로 진학하는 현실에 정신도 없을 터였다. 크게 눈에 띄는 것이 아니어서 나도 이마의 흉터 따위에는 별 관심을 두지 않았다.

대학을 졸업했다. 마루 끝에 앉아서 팝송을 들으며 모처럼 주어진 여유를 즐기고 있었다. 턱을 괴고 능선을 따라 환하게 밝은 하늘을 보는 내 옆에 엄마가 멸치 바구니를 놓았다.

멸치를 다듬으며 꿩 사냥과 술을 좋아하던 애실이네 아버지가 얼마나 솜씨 좋은 목수였는지, 감자밭 옆 방공호에 살던 껌팔이 모녀는 지금도 결혼 예식장을 쫓아다니며 구걸하는지 같은 옛이야기 끝에 흉터 이야기가 이어졌다.

"성희 엄마한테 치료비 좀 물어내라 하지 그랬어!"

엄마가 눈을 흘겼다.

"미친 것, 남의 집 방 한 칸 빌려 겨우 살고 있는데 뭐가 있다고."

살아가는 모든 것이 무늬가 된다. 초등학교 학예회 연습으로 하교가 늦은 어느 토요일에 식구들 모두 등선폭포로 놀러 갔던 일도, 나만 두고 갔다는 서러움에 대문 앞에 쪼그리고 앉아 대성통곡하던 일도, 시골로의 첫 발령 때 새벽마다 들리던 교회의 차임벨 소리도, 때론 사람을 만나면서 쌍심지를 세웠던 일도.

어느 날 저녁 문득 해가 넘어가며 남긴 노을에 옛이야기가 소환되었고 흉터는 그냥 흉터일 뿐이라는 걸 진즉 알아버렸기에 지금도 무심하게 한 해 한 해 눈가에 잔주름을 만들고 있다.

어제는 지는 해가 풀어놓은 노을이 창문 앞까지 현란하게 물들이더니 오늘은 서편 하늘가에 엷은 노을이 설핏하니 퍼졌다. 내일은 아마 희미한 빛마저도 없을지 모른다. 그래도 괜찮다. 시간이 지나도 낡지 않는 기억이라는 이름의 축대가 있던 골목과 한 번쯤은 지나쳤을지도 모를 어릴 적 친구 성희가 그 무늬 한쪽에 자리하고 있으니까. 아, 그 애는 지금 어떤 어른이 되어있을까.

사마귀는 어디로 갔을까

    샐러드 만들 어린잎을 씻다가 며칠 전에 만난 그 녀석을 떠올린다. 연한 녹색, 길쭉한 잎사귀가 영락없는 그 녀석이다.
    찬바람이 조금씩 겨드랑이를 파고들 때가 돼서야 나는 뒤늦게 선풍기 덮개를 사러 가고 있었다. 지하철 공사를 막 끝낸 도로는 뒷정리가 한창인데, 녀석은 새로 깐 아스팔트가 영 어색했는지 두리번거리며 어기적어기적 기어가고 있었다. 새까만 바닥에 선명한 녹색이 내 눈길을 끌었다. 온기라곤 하나도 보이지 않는 도시 길 한복판, 풀 한 포기 없는데, 도대체 이 녀석은 어디서 얼마나 먼 길을 날아온 걸까. 가야 할 곳을 알고는 있을까. 어물쩍거리다가는 인부들 발에 밟히기 십상인 녀석은 사마귀였다. 저만큼 앞에 보이는 담장엔 색깔 바랜 담쟁이 잎이 듬성듬성 걸려있고, 이파리 몇 개 팔랑이는 은행나무도 곧 나목이 될 것이다. 마음 같아선 담쟁이 잎 위에라도 올려주고 싶지만, 당랑거철螳螂拒轍이라 했나, 감히 수레바퀴도 막아섰던 녀석이라, 낫을 닮은 갈고리 앞발을 들어, 내 얼굴을 향해 냅다 휘두를까 봐 겁이 난다.

 교미가 끝나면 암컷은 수컷을 잡아먹고 알에서 같이 부화한 새끼들도 서로 잡아먹으니, 가족이라는 개념은 아예 찜쪄먹은 사나운 놈을 어떻게 다뤄야 하나, 험상궂은 생김새가 마음에 들지 않지만 있어야 할 자리를 박차고 모험을 강행한 녀석이 가여운 것도 사실이다. 뭘 찾겠다고 복잡하고 시끄러운 곳엘 왔단 말인가.

 담장을 사이에 둔 아랫집에 문달이네가 살았다. 문달이라고 이름을 막 부르기는 하지만 실은 나보다 여덟 혹은 아홉 살쯤 위였을 거다. 모자가 사는 그 집을 동네 사람들은 문달이네라고 불렀다.
 언제부터인가 그 집에서 가끔 문달이의 고함이 났고, 그릇이며 냄비가 내던져졌다. 우리 집은 문달이 엄마의 피난처였다. 아랫집의 소란은 당장 무슨 큰일이라도 일어날 것같이 두려워 나는 그때마다 엄마 옆에 몸을 붙였다. 아버지가 집에 계시는 날엔 그 집으로 내려갔고, 조용해지면 그제야 문달이 엄마는 돌아가 깨진 세간을 치웠다. 동네 사람들은 그를 후레자식이라고 했고, 멍석말이해야 한다고도 했으며, 어떤 이는 사마귀 같은 놈이라 수군거렸다.
 그 문달이가 어디론가 가고 없을 때면 아줌마는 지게로 물을 길어다 부엌에 있는 큰 독을 채워주었고 같이 점심을 먹었다. 김장할 때는 엄마와 같이 부를 썰고 마늘을 까면서 많이 웃었다. 아줌마가 유일하게 평화를 누리던 때였으리라.

어느 날, 아줌마가 수심이 잔뜩 있는 얼굴로 우리 집으로 올라와서 엄마와 뭔가 한참 수군수군 이야기를 나누었다. 그 심각함이 궁금해 나는 윗방 문을 조금 열고 귀를 기울였다. '감옥'이라는 말, '나온다'는 말이 들렸다. 한동안 문달이가 보이지 않았던 이유가 이거였구나. 잠시 후 엄마가 나에게 말했다. 밖에서 놀다 문달이가 오면 아줌마 여기 없다고 해라, 라고.

눈치 빠르게 신발도 감추느냐고 묻고는 부엌 선반 밑에 신발도 감췄다. 동생과 사방치기놀이를 하며 시간을 보내고 있을 때 문달이가 대문을 열고 들어섰다.

"울 엄마 여기 있지? 야~, 근데 너 많이 컸다." 그가 소리 내어 웃었다. 웃음소리는 지나가는 누군가를 골려주자며 동네 아이들과 작당 모의를 하고 함정을 파던 그때와 같았지만 뭔가 소름이 몸을 훑고 지나가는 느낌이었다. 같은 사람의 웃음인데 그랬다.

나는 한껏 시치미를 떼고 고개를 저었다. 내 표정을 본 그가 알았다는 듯 방을 향해 큰 소리로 말했다.

"어무이, 나오쇼!"

방은 조용했다. 사방치기놀이 선이 그려진 땅바닥을 발로 툭툭 차며 문달이는 조금 더 크게 다시 말했다.

"거기 있는 거 다 아니까 얼른 나오쇼!"

거짓말이 탄로 났다는 생각에 나는 긴장했고, 잠시 후에 아줌마와 엄마가 마루로 나왔다. 댓돌로 내려선 아줌마 얼굴이 불안해 보였다. 신발도 채 신지 않았는데 문달이 아줌마의 손목을 거칠게 잡고 억지로 끌었고 그때 방문이 세게 열렸다.

"그 손 놓지 못해!"

아버지가 나오며 큰 소리로 말했다. 문달이가 주춤했다. 화난 얼굴로 아버지는 그를 내려다봤다.

"드루와!"

들어오라니. 난 걱정이 되었다. 동네에서 샌님이라 부르던 아버지다. 그가 아버지한테 달려들어 얼굴을 향해 갑자기 주먹이라도 휘두르면 어쩌지. 무서웠다. 아버지와 눈이 마주치길 간절히 바랐다. 안 된다고 말하고 싶었다.

문달이가 그대로 서 있자 아버지는 방으로 들어가다 돌아보며 다시 소리를 질렀다.

"빨랑 안 드루와, 이눔아!"

마지못해 들어가는 문달이는 정월 보름 달마중하던 날, 깡통에 불을 담아 건네주며 돌려보라고 하던 그때의 그 문달이었고, 한여름 소나기가 지나가면 자기네 집으로 뻗은 우리 고야나무에서 떨어진 잘 익은 고야를 주워 바가지에 담아주던 그 문달이었다. 밖에 남은 우리들은 방 안의 소리에 신경을 곤두세웠다. 나행히 안에서 큰 소리는 나지 않았다.

나는 공연히 사방치기 하던 돌멩이로 땅을 콩콩 찧었고, 문달이를 향해 눈을 흘기던 엄마는 상을 차렸다.

아랫집에서는 그 후에도 가끔 많지도 않은 살림살이가 던져지고 그릇이 깨졌다. 그리고 얼마 지나지 않아 그들은 밤중에 몰래 집을 떠났다. 어디로 갔는지는 아무도 모르는 것 같았다. 순둥이였었는데……. 아쉽고 안타까운지 엄마가 혼잣말했다.

선풍기 덮개를 사서 밖으로 나오니 녀석이 없다. 밟힌 자국도 없다. 어디로 갔을까. 이유도 영문도 모르고 그저 가고 있는 건 아니겠지. 쪽찐 머리에 작은 키, 아줌마는 그 좁은 어깨에 진 아들의 짐을 어찌 견뎠을까. 길 위로 바람이 불고 있었다.

애기의 정성

의자에서 일어나는데 '악!' 소리가 절로 날 정도로 무릎 뒤쪽에 통증이 왔다. 걸음을 걸을 수가 없어 잠시 진정시켜야만 했다. 어디가 잘못된 걸까. 생각해 보니 얼마 전부터 그런 증상이 나타났지만 견딜 만하기에 그냥 넘어갔다. 이번엔 달랐다. 강의실에서 카페에서 일단 앉으면 벌떡벌떡 일어날 수가 없었다.

엑스레이상으론 별다른 이상이 없다고 했다. 물리치료를 며칠간 받았지만, 통증은 점점 심해지고 다리는 무거웠다. 발목에서부터 무릎까지 퉁퉁 부어올랐다. 한방치료를 받아보면 나을까 싶어 한의원을 찾았다.

잘생긴 젊은 한의사가 여기저기를 눌러보더니 허리에 문제가 있는데요, 3주 정도 치료받으셔야겠어요, 한다. 그러곤 꾹꾹 침을 꽂더니 부지런히 다른 환자에게로 간다. 몸으로 바쁘다는 게 보인다. 아픈 사람들이 침 맞구나. 시간 되었다고 옆 침대에서 울리는 타이머 소리며 뛰어다니는 간호사 발소리가 신경 쓰인다. 믿어야지 하면서도 침은 제대로 꽂는 건가? 의구심이 든다.

 초등학교 4학년 때였다. 겨울이 시작될 즈음 어느 아침, 잠에서 깨고 보니 입이 돌아가 있었다. 급성 신장염으로 장기 결석 중인지라 설상가상雪上加霜이었다. 엄마는 애물단지 때문에 걱정이 태산이었고, 동생은 입비뚤이라며 놀렸다. 노심초사하면서 엄마는 사람들이 비법이라며 일러주는 민간요법들을 실행에 옮겼다. 말린 지네를 갈아 꿀을 넣고 막걸리에 타 먹여도 차도는 없었다. 어느 날 나를 데리고 엄마는 어디론가 가셨다. 꼬불꼬불한 골목을 지나고 낮은 언덕길을 넘어 교회 옆에 있는 조그만 집 대문을 조심스레 열고 들어갔다. 노인이 나와서 우리를 맞아주었다. 머리도 가슴까지 내려오는 수염도 한복도 온통 하얬다. 방이 따뜻했고, 창호지에 비친 햇살이 부드러웠다. 방 한쪽 구석에 놓인 낮은 책상 위에 낡은 책들과 침통이 놓여 있었다. "나을 수 있어요, 아가씨 얼굴이 이러면 안 되지요." 말소리가 조용조용했다. 침을 맞아야 한다는 데에 잔뜩 긴장했던 마음이 온화한 미소 덕분에 그나마 놓였다.
 다음 날부터 병원 치료가 끝난 후에는 그곳엘 가야 했다. 엉덩이가 딱딱해지도록 매일 맞는 주사에 침까지 더해지니 하루하루가 고역이었다. 칼날 같은 매운 날씨에 파랗게 언 얼굴로 방에 들어서면 "애기 왔구나." 하고는 따뜻한 담요 아래에 손과 발을 넣어주었다.

할아버지는 귀 뒤와 입 양쪽 옆, 인중, 그리고 엄지와 검지 사이에 천천히 손가락으로 혈을 짚어가면서 침을 놓았다. 매일 놓는 자리인데도 꼭 손가락으로 짚어가며 침을 꽂았다. 기다리는 동안은 말없이 책을 보았다. 팔을 살짝 벌리고 있는 인체가 그려진 두꺼운 책이었다. 그럴 때면 한복 입은 할아버지의 깔끔한 모습이 더 어렵게 보였다. 혹시 산신령이 저런 모습일까. 나는 가끔 그런 생각을 하기도 했다. 믿음이 갔다.

한 달도 넘게 다녔을 거다. 이젠 그만 와도 된다고, 다 나았다고 한 다음 날 엄마는 조그만 선물을 준비하여 침구사 할아버지를 찾아갔다. 그러고는 덕분에 딸아이가 나았다고 고개를 깊게 숙이며 인사를 했다.

"저는 한 게 없어요. 애기의 정성이 낫게 한 거지요."

옆에서 손장난하다 말고 난 고개를 번쩍 들고 할아버지를 쳐다보았다. 어린 마음에도 이상하게 가슴 깊이 담기는 말이었다. 눈이 마주쳤다. 할아버지는 고개를 끄덕이며 예의 그 부드러운 미소를 띠고 내 손을 끌어당겨 가볍게 토닥였다. "가깝지 않은 거리를 추운데도 하루도 빠지지 않고 와서 치료받은 게 참 대견해요." 하며 건강하게 커야 한다고 했다.

어느 한편에 깊이 묻혀 있던 기억이 불현듯 떠오를 때가 있다. 침을 맞고 물리치료를 받으면서 문득 오래전 온화하던 침놓는 노인을 떠올렸다. 애써 말하지 않아도, 오냐오냐 알았다고 치료해 줄 것만 같은, 아니 아무 말 없이 미소만 보여도 봄이 가벼워질 것만 같은 할아버지. 어딘가에 잘 계시다가 불쑥 시간의 장막을 뚫고 현실로 나타나 줄 수는 없을까 하고 상상하는데 젊은 의사가 와서 전기 침을 꽂는다. 부항도 떴다. "열심히 빠지지 말고 오세요." 말하는 그때 알았다. 내게 어릴 때와 같은 '애기의 정성'이 없음을. 그때는 우직하게 하라는 대로 그렇게 해야만 되는 줄 알았는데 나이를 먹으면서 진득하니 무거워지는 것이 아니라 말할 수 없이 가벼워지고 있었다. 필요할 때만 치료받고 괜찮으면 잊고, 좋아질 리가 없는 거였다.

그래 정성을 들이자, 이제부터라도 애기의 정성을. 낫기만 하면 되지 누가 한들 어떠냐, 자신을 다독인다.

다시 꾸는 꿈

　춘천에 사는 언니가 시정 소식지를 보내왔다. 내 어릴 적 흔적이 남아 있는, 그래서 늘 마음을 두고 있는 곳의 소식을 받는 건 오래 만나지 못한 친구를 만나러 나갈 때의 설렘과 같다. 반가움에 한 장 한 장 페이지를 넘겨본다. 혹 아는 곳, 아는 사람의 소식이 실리지 않았을까 하는 마음에서다.
　최돈선 시인의 골목 순례 이야기에 눈이 머물렀다. 골목은 추억의 온기가 묻어 있는 곳이다. 「굿바이, 요선시장의 초여름 골목」이라니, 그를 따라가 보기로 했다. 춘천 찻집, 아직도 걸려 있다는 색 바랜 간판 요선어름상회, 요선제면소……. 시인의 발길을 따르다 보니 닿은 곳이 인성병원이다.
　'병원 뒷골목은 깊고 좁고 멀었다'는 골목, 나는 그 골목은 기억하지 못했다. 어쨌든 그 옛날처럼 흰색의 병원 건물이라는 게 반갑긴 하다. 그의 말을 빌리사면 거대한 인성병원이라 했는데, 어쩐지 공감이 가는 부분이다. 내 당찬 꿈을 단번에 무너뜨렸으니…….

　고등학교에 입학하자 나는 우등상이 아닌 3년 개근상을 목표로 정했다. 초등학교부터 중학교 졸업 때까지 1년 개근상도 내겐 너무 먼 당신이었기에. 지금은 쳐주지도 않는 상인데 그땐 왜 그렇게 받기가 어려웠을까. 초등학교 가기 전, 학교에서 돌아온 두 살 위의 언니가 숙제하는 옆에서 나도 공책에 글씨를 쓰고 공부했다. 그 선행학습 덕에 초등학교에서의 시작은 거침이 없었다. 경필 대회에 나가선 장원을 하고 조회 시간에 단상에 올라가 교장 선생님으로부터 상장을 받았다. 받아쓰기며 산수는 무조건 백 점이었다. 우등상쯤은 문제도 아니었던 거다. 거기까지였다. 거침없음은. 3학년이었을 것이다. 담임 선생님이 말씀하셨다. 우등상보다 개근상이 더 좋은 것이라고. 나는 더 좋은 그 개근상에 꽂혀 끈끈이주걱처럼 집착했다. 하나 잘되지 않았다. 일 년에 한두 번을 꼭 앓아누웠기 때문이다.
　이번엔 자신했다. 그까짓 것쯤이야, 다리가 부러지는 일이 있어도 해 봐야지.
　1학년 여름방학이 끝나고 일주일이 되던 날은 9월 1일 일요일이었다. 아버지는 출장 중이었는데, 집에는 양평에 사는 외종조부가 와 계셨다. 아버지가 출장 중이라는 사실을 모르고 오신 거였다. 아침을 먹고 나서 어머니는 그분을 모시고 나갔고, 집에는 언니와 둘만 남았다. 조용했다. 고3인 언니는 공부한다고 책상 앞에 앉았고, 나는 다음 날 제출할 지리 숙제를 마무리하기 위해 지도 그리던 모조지를 펴놓고 있었다. 그때였다. 갑자기 속이 메슥거리더니 금방이라도 토할 것 같았다. 뒤란의 변소로 달려갔다. 나오면서는 담쟁이가 타고 올라가는 담장 밑에 쪼그리고 앉아 토했고 입안을 헹구기 위해 수돗가에 있다가 다시 변소로 달려갔다. 그렇게 몇 번을 반복하다 보니 방으로 들어갈 기력도 없어 그냥 마루에 널브러졌다. 겁이 난 언니가 옆집 쌍둥이 엄마를 불러왔다. 맥없이 늘어진 내 손을 들어 팔을 쓸어내리고 엄지를 실로 감아 바늘로 땄다. "제대로 체했구먼!" 새카만 피가 방울져 나왔다. 속은 가라앉지 않았다. 이젠 더 게우고 싶어도 나올 것도 없었다.

점심때가 한참 지나서야 어머니가 왔다. 춘천댐을 구경시켜 드리고 버스 타고 가시는 거 보고 오느라 늦었다고 했다. 놀란 어머니는 병원엘 가자며 늘어진 나를 일으켰다. 우리 가족의 단골 의원은 일요일이라 닫혀 있었다. 다른 곳도 마찬가지여서 좀 먼 거리에 있는 인성병원까지 가게 되었다.

맹장염이라 했다. 그것도 상태가 급하니 빨리 수술해야 한다고 한다. 나의 개근상은? 개근상이 먼저 떠올랐다. 아직 내지 못한 방학 숙제는 그다음이었다. 아버지 없이 혼자 감당해야 하는 일이라 어머니가 적잖이 당황하였다.

누군가가 나를 침대에 눕히고 있었다. 어지러웠다. 잠이 들었다 다시 깨었을 때는 아버지가 와 있었다. 창밖은 깜깜했다. 아버지가 내 어깨를 안고 여자아이가 몸에 칼을 대어서 어떻게 하누, 하고 안타까워하는데, 난 개근상을 탈 수 없게 됐다고 울었다. 꿰맨 곳의 통증 때문에라도 더 크게 울었던 것 같다. "그거야 내년에 타면 되지."

이틀이 지났다. 비가 오고 있었다. 병원 냄새가 가라앉은 공기에 섞여 기분 나쁘게 후각을 자극했다. 어머니는 집에 잠깐 다니러 갔고, 속상해하며 베개에 등을 기대고 비에 잠긴 바깥 풍경을 보고 있을 때 담임선생님이 오셨다. "다음 주에는 나올 수 있겠어?" 선생님의 말에 내 눈에서 눈물이 후드득 떨어졌다. 개근상은 틀렸어요, 제 꿈이었는데. 선생님이 어깨를 두드리며 웃었다. 그게 뭐라고, 괜찮아, 괜찮아. 다른 꿈을 가지면 되지. 선생님은 기껏 꿈이 개근상이냐며 속으로 웃었을까.

내 소박한 꿈이었던 개근상은 인성병원에서 맹장염에 발목을 잡히고 말았다. 선생님 말씀대로 나는 다른 꿈을 가졌던가? 치약이 밀려 나오듯 나도 그냥 밀려서 지금까지 온 것은 아닐까.

잠깐 잠을 자고 일어났을 뿐인데, 앳되고 예뻤던 봄은 너무 빨리 지나가 버리고 개근상의 꿈은 오래전 이야기가 되어버렸다.

꿈꾸는 힘이 없는 자는 사는 힘도 없다 했다. 나는 이제 새로운 꿈을 꾼다. 내 어릴 적 흔적이 남아 있는 그곳. 아랫집 뒤란에 그득했던 꽈리가 주홍빛으로 익고, 포도나무와 고야나무가 그늘을 드리우던 옛 우리 집으로 다시 돌아가는 꿈을. 모두가 떠났던 집으로 나이 먹은 형제들이 돌아와 시끌시끌하게 밥상을 차리고, 그들이 데리고 온 아이들의 아이들이 마당에서 이리저리 뛰어다니면 더 좋겠다.

닭 이야기

　퇴근길의 딸아이가 저녁에 치맥은 어떠냐고 전화했다. 좋지, 치맥! 아이를 기다리며 냉장고의 맥주를 확인해 본다. 그러다 문득 생각나는 것이 있었다. 내가 언제부터 닭고기를 아무렇지도 않게 다시 먹게 됐나 하는 일이다. 오래전 억수로 비가 쏟아지던 정선에서의 어느 밤, 돼지에 깔려 죽은 닭 사건 이후로 한동안 무슨 요리가 됐든 닭고기는 입에 대지 않았다. 우리의 뇌가 어떤 자극이라도 시간이 지나면 묻히도록 설계가 되어 있다고 해도 그렇지, 이렇게 까맣게 잊고 있었다니. 다행이라고 해야 하나, 아니라고 해야 하나. 눈가에 주름이 하나둘 생기듯 기억도 그렇게 늙어가는 건가.

　그날은 아침부터 날씨가 무척이나 끄물거렸다. 후덥지근한 공기, 금방이라도 무너져 내릴 듯 무겁게 가라앉은 하늘이 불쾌지수를 더해 기분을 끌어내렸다. 사방에서 내뿜는 열기로 저녁때쯤이면 내 몸은 삶아져

흐물거릴지도 모를 일이었다. 당장이라도 한바탕 쏟아주면 좋으련만.

비는 오랫동안 뭉그적대다 밤이 되어서야 쏟아지기 시작하더니 결국 폭우로 변했다. 천둥과 번개가 서로의 꽁지를 물고 옮겨 다니며 으르렁거렸다. 나는 하숙방에 누운 채 음악도 불도 꺼 버리곤 오케스트라의 교향악을 감상하듯 빗소리와 천둥소리를 듣고 있었다. 으르렁거림이 때론 지축을 흔드는 소리를 낼 때는 두려웠지만 오히려 후련하기도 했다. 그때, 번갯불이 하늘을 가르는가 싶더니 가까운 곳에서 '쿠르르룽 쾅!' 하며 갑자기 큰 바위가 부서지는 듯한 소리가 났다. 어디에 벼락이라도 떨어진 걸까. 순간 너무 놀란 나는 얇은 이불을 머리끝까지 뒤집어쓰고 몸을 웅크렸다. 그 벼락을 마침표로 찍고 나서야 천둥은 멀리 물러나 가끔씩 그르렁댔다.

새소리에 아침잠을 깼다. 지난밤 언제 그런 소란이 있었냐는 듯 하늘은 구름 하나 없는 파랑이었고, 햇빛은 투명했다. 기분 좋은 정도로 바람도 살랑거렸다. 간밤의 눅눅함이 말라가고 있었다. 출근 준비를 하며 녹음기에서 흘러나오는 노래를 따라 불렀다. 주인 할머니를 돕는 순희가 아침 먹으라고 부르는 소리도 한껏 들떠 있었다. 잰걸음으로 마당을 가로질러 팽개치듯 슬리퍼를 벗고 방으로 들어갔다.

"어젠 여편네들도 안 왔어. 비가 엔간해야지."

밥을 공기에 퍼 주며 할머니가 말했다. 매일 고스톱을 치러 오던 동네 아주머니들이 오시 않은 보양이다. 봄이 뚱뚱한 할머니는 무릎이 좋지 않아 걷는 것을 힘들어했다. 늘 아주머니들이 와서 늦은 밤까지 놀았고, 하숙생들은 밥을 먹으며 간밤에 할머니에게 전한 동네 아주머니들의 이야기를 들었다.

"아, 닭이 죽었어."

"잘 먹었습니다"를 외치고 막 일어나는데 할머니가 말했다.

비를 많이 맞아 죽은 모양이라고 잠깐 생각했다.

"비 때문에요?"

바쁜 아침이라 나는 건성으로 묻고 마루로 나와 뒤집힌 신발을 신으려고 몸을 구부렸을 때, 댓돌 구석에 뭔가가 보였다. 닭이다. 어느 한 곳 튀어나온 곳 없이 오징어처럼 납작해진 채 노란 발이 앞으로 뻣뻣하니, 뻗쳐 있었다. 제집도 없어 마당 한쪽에 있는 돼지우리에 얹혀살던 암탉이다. 낮이면 혼자 마당에서 모이를 찾다가 저녁이면 돼지우리를 홰 삼아 잠을 자던 그 닭이 돼지에게 압사를 당한 것이다. 지난밤 내가 이불을 뒤집어쓰던 공포의 그 순간에 닭은 우리 안으로 뛰어들었고, 놀라 벌떡 일어났던 커다란 돼지가 그대로 누워버린 모양이다. 사람이든 동물이든 사소한 데서 운명이 방향을 튼다. 닭인들 알았으랴. 천둥 번개가 치는 날, 살려고 뛰어들었던 곳에서 돼지에게 깔릴 줄을. 나는 닭의 어이없는 모습에 놀라 얼른 몸을 일으켰는데, 옆방의 홍 선생은 웃음을 참지 못하고 허리를 꺾었다.

그날 저녁상에 닭볶음이 올라왔다. 콩나물밥이든 국수든 해 놓으면 뭐든지 잘 먹는다고, 그래서 좋다고 할머니가 칭찬하던 내 식성이었다. 부뚜막에 앉아 맛깔나게 감자며 양미리를 조려내는 할머니라 이것 또한 맛을 의심하지 않았지만 먹기는 어려웠다. 모처럼의 닭고기반찬이 고역이라니. 내가 체면을 차리는 줄로 알았는지 많이 먹으라며 할머니는 밥그릇에 닭고기를 자꾸 집어다 놓아주었다. 거절할 짬도 주지 않았다. 어쩔 수 없이 꾸역꾸역 입으로 가져갈 수밖에 없었던 그날 밤, 위에 들어 있는 것은 쓴 물까지 다 토해내면서 배를 움켜쥐고 엄마를 찾았다. 땀을 흘리며 구르는 동안 할머니 방에서는 동네 아주머니들의 웃음소리가 끊이지 않고 들렸다.

먹구름이 폭우를 불렀던 날, 폭우는 번개와 천둥을 부르고, 천둥소리에 놀라 애꿎은 닭 한 마리가 돼지에게 깔려 생을 다했다. 다음 날은 닭에 눌려 애꿎은 여자 하나가 또 생을 마감할 뻔했고……. 예기치 못한 일들에 고락이 뒤섞이고 희비가 엇갈린다. 내가 만일 폭우라면 어떤 일이 생길까.

삼십 년도 더 지난, 아직 팔팔한 젊은 시절이었던 때. 앞으로 닭고기는 쳐다보지도 않겠다고 했던 그날, 무심한 달빛만 마당 가득했다.

보름 아녔던 그믐달 없고 그믐 없었던 보름달 없다고, 어둠은 지나가는 거라는 이정록 시인의 시처럼 그때의 닭은 어느새 내 머릿속에서 지워져 있었다.

그것도 하나 못 맞춰주고

그런 날이 있다. 문득 만나고 싶은 사람이 생각나고 가보고 싶은 곳이 생각나는. '나는 포장마차의 소주 맛을 좋아한다.'로 시작하는 어느 수필가의 글을 읽었을 때 떠올렸다. 포장마차, 오랫동안 잊고 있었는데 그날이 그랬다.

그곳은 탁자를 사이에 두고 빨간 플라스틱 의자에 앉아서 안주를 기다리는 널찍한 곳이 아니다. 건물 지하에 자리한 포차는 더더욱 아니다. 리어카의 비닐 천막을 들치고 사람이 들고 날 때마다 들어오는 한 줌 바람이 입은 옷을 여미게 하는, 옆 사람과 어깨가 닿아도 기분 나쁘지 않은 그런 곳이어야 좋다. 어묵 꼬치가 담긴 통에선 따뜻한 김이 올라오고, 여주인이 투박한 손으로 석쇠를 뒤집어 가며 먹장어 굽는 것을 볼 수 있는 곳이면 더 좋다.

춘천의 한 중학교에 근무하던 젊은 시절의 어느 날, 학교는 감사를 받고 있었다. 뭔가 잘못되었는지 평소 과묵하던 교감 선생님이 담배만

연신 피우는 것으로 불편한 마음을 표현했다. 창밖은 이미 어둡다. 혹시 눈이 마주칠까 교사들은 괜히 서랍이나 책을 뒤적이고, 나도 별수 없이 교재를 펼쳐놓았다. 등을 보이고 앉는 자리가 그날만큼은 고마웠다.

퇴근하려고 나왔을 때는 비가 가늘게 내리고 있었다. 누군가 포장마차를 제의했고 몇 명이 기다렸다는 듯 몰려갈 때 얼결에 그 속에 섞이게 되었다. 그들은 마치 압박에서 해방된 기쁨을 느끼듯 떠들썩하게 이것저것 안주를 시켰다. 지금은 사라진 참새구이도 있었다. 나는 참새구이가 처음이었다. "애걔, 요게 참새야!" 구이가 되어 나온 참새는 생각보다 작았다. 술이 좀 돌자 이쪽과 저쪽의 화제가 달라지며 목소리들이 커지고 동작도 커졌을 때 내 옆 사람이 어묵 담긴 그릇을 건드리고, 국물은 내 스커트로 쏟아졌다. 어머! 소리와 함께 얼결에 벌떡 일어서면서 이번엔 내가 소주병을 쓰러트렸다. 다른 옆쪽의 사람도 놀라 일어났고, 반들반들 윤이 나는 긴 의자에 어깨를 맞대고 앉아 있던 사람들이 줄줄이 일어났다. 타이밍을 맞추지 못한 마지막에 있던 남자가 의자가 들리면서 바닥으로 미끄러졌다. 참새를 굽던 아줌마는 큰 손으로 입을 가리고 한참을 웃었다.

마침 먹빛 구름은 도시에 닿아 있다. 가슴은 헛헛하다. 그때의 정겨웠던 리어카 포장마차를 찾고 싶지만, 아니어도 상관없다. 벌써 마음은 그리로 향했으니. 그런데 누구랑 간담? 비가 오면 빗소리를 들으며 소주를 마시자던 친구는 밀리 있고, 불러내던 반사 세치고 뛰어나와 술 설

친한 이웃도 없으니, 남은 사람은 남편이다. 한데 이 사람, 빗소리 들으며 소주를 마시자면 웬 생뚱맞은 소리냐고 한심한 얼굴을 하려나. 분위기보다는 맛을 찾는 사람이니.

"날도 우중충한데 뜨끈한 국물이 있는 포장마차 어때요?"

길을 가면서 노래도 곧잘 불러주던 사람, 누구의 말처럼 젊은 시절엔 언제까지고 꼭 그렇게 낙희낙희樂喜樂喜할 것만 같았던 사람이었지만. 이제는 노래도 불러주지 않는 남편한테 문자를 보냈다. 타박이나 하면 어쩌나 하던 참에 좋다는 답이 왔다. 아파트 앞에 도착하면 전화할 테니 내려오란다. 그사이 인터넷으로 그럴싸한 포장마차가 있는 곳도 찾아놓았다. 드디어 연락받고 뛰어나갔을 때 그 옆에 있는 불청객. 순간, 바람을 받고 신나게 올라가다 느닷없는 방해에 뱅글뱅글 돌며 곤두박질치는 연 신세가 되는 느낌이었다. 어!? 이게 아닌데……

"술이 고프시다고요?"

그 친구가 말했고, 남편은 가고 싶은 곳이 있느냐고 물었다. 포장마차라고 했는데, 가고 싶은 곳이 있느냐니. 말이란 이렇게 늘 오해를 동반하게 되는가 보다. 부부는 일심一心이란 말은 맞지 않는다. 동체同體도 맞지 않는다. 이심이체二心異體. 그는 내가 오늘 술을 마시고 싶어 하는 것으로 해석하더니 가고 싶은 곳을 말하라면서도 '포장마차는 무슨!' 가볍게 무시했다.

아귀찜 전문점으로 들어갔다. 남편이 좋아하는 곳이다. 남편이 좋아하는 곳을 아내는 싫어한다는 프랑스 속담이 있지만, 아내가 좋아하는 곳 역시 남편은 싫어한다는 속담도 어딘가에 있다는 걸 나는 모르고 있었나 보다.

차가운 소주로 채운 잔은 앞에 있는데 속은 부글부글 끓었다. 호사를 바란 것도 아닌데, 단지 포장마차 분위기가 그리웠고, 청춘의 어느 날이 그리웠을 뿐인데. 허기인지 갈증인지 채울 수 없는 무언가 때문에 콧등이 시큰거렸다. 시간이 갈수록 그 둘에게 나는 투명 인간이 되어갔다.

의미 없는 대화를 흘려버리며 나는 벌건 양념 속에 엉켜 있는 콩나물을 헤쳐 미더덕만을 골라 오도독오도독 소리 내어 먹었다. 자기 아내 마음도 하나 헤아려주지 못하는 그. 부부가 일심동체가 된다는 게 맞는 말이긴 할까.

경남 산청 출생
1999년 『책과 인생』 등단
한국문인협회 회원
한국산문작가협회 이사
공저 『너에게 나는 어떤 풍경일까』
✉ okjasminx@naver.com

민현옥

그곳에서 부르는 노래

> 여행 글은 추억의 길을 구석구석 다니는 일이다.
> 아직 그곳에 남아 있는 그리움을 하나하나 주워 담는 일이다.
> 그날의 한 조각 햇살도, 내리던 실비의 풍경도
> 희미해져 가지만 미소 짓게 되는 일이다.
> 다음 여행을 준비하는 오늘이 설레고 소중한 이유가 된다.

1. 공항 가는 길
2. 혼자, 어디까지 가고 싶니
3. 커피 그리고 아모르파티
4. 사막으로 나는 가자
5. 이별을 대하는 자세
6. 초내

공항 가는 길

공항 가는 길이다. 가끔 가는 길이지만 자주 가는 듯 편안하다. 운전을 시작하고 고속도로 주행이 두려운 내가 갈 수 있는 첫 대로가 이 길이었다. 종종 해외 출장 가는 남편을 공항에 내려주고 돌아오는 새벽 시간의 이 도로가 좋았다. 동도 트기 전 뽀얀 안개로 둘러진 이 공간이 마치 우주의 어느 별인 듯 아득한 느낌이 좋았다. 영종대교 다리 위를 지날 때 차 안에서 바람의 세기가 느껴지는 날에는 핸들 잡은 손에 힘이 갔던 이 길이다. 이렇게 자주 오고 갔었는데, 오늘은 캐나다에 살고 있는 동생이 입국하는 날이라 마중 가는 길이다. 틀어놓은 라디오에서 미국 가수 밥 딜런Bob Dylan의 「Blowing in the Wind」 도입 부분 하모니카 소리가 경쾌하게 들려왔다.

…… 친구야, 그 답은 바람만이 알고 있다네. 이 가사를 따라 한다.

캐나다로 이민 간 막냇동생이 둘째를 낳고 돌도 되기 전 우리에게 보여주겠다고 아이 둘을 데리고 입국한다. 이삼 년에 한 번쯤 귀국하는데 힘들어도 자주 오고 싶어 한다. 한 달여 머물다 가는 동안 우리 가족들은 모두 비상이다. 아버지는 "이렇게 오고 가는 막내를 내가 앞으로 몇 번을 더 보겠냐." 하시면서 반긴다. 이번 동생의 입국은 새 가족을 보는 기쁨에 기대감도 걱정도 함께 주었다.

입국하는 동생은 서울로 향하는 이 길을 지나며 기뻐할 것이고, 나는 서울을 떠나 해외로 나가는 즐거움으로 설레던 길이다. 공항으로 가는 길에서 새로운 나를 찾을 듯 부풀기도 했었고, 그 어디에서도 나를 찾지 못하고 돌아오던 고단한 길이기도 했었다. 설레고 부풀던 그리고 조금은 해방감을 즐긴 지난날들을 떠올려본다. 여전히 이 길을 떠나 어디로 가고 싶은 내가 있었다. 자유롭고 너그러운 여행자의 시선으로 주변을 바라보았다. 차창에 부딪치는 바람도 부드럽고 길가 익숙한 풍경도 정겨웠다.

가방 속 핸드폰이 지지~ 소리를 낸다. 진동이 멈추더니 또 울린다. 서해 바다가 보이는 휴게소로 들어와 아버지께 전화를 드렸다. 아버지도 공항으로 오시는 중에 내게 전화를 한 것이다. 아버지와 만나는 시간을 정하고 다른 동생들과도 통화를 했다. 엄마와 함께 동생들의 들뜬 목소리가 전해져 왔다. 언젠가 와봤던 이 '영종도 휴게소'는 아름다운 석양을 볼 수 있는 곳이다. 지척에 공항을 두고 바다를 향한 긴 갯벌과 꼬불꼬불 물길이 보이는 사느마한 휴게소다. 한적한 이곳에서 음유시인이라 불리는 가수의 노래를 다시 들어본다. 바다에서 시원한 바람이 불어온다.

> 사람은 얼마나 많은 길을 걸어봐야 진정한 인생을 깨닫게 될까 / 흰 비둘기는 얼마나 많은 바다 위를 날아봐야 백사장에 편안히 잠들 수 있을까 / 전쟁의 포화가 얼마나 많이 휩쓸고 나서야 세상에 영원한 평화가 찾아올까 / 친구여 그건 바람만이 알고 있다네 / 그건 바람만이 알고 있다네
>
> — 밥 딜런, 「Blowing in the Wind」

입국장 근처에서 아버지와 만나기로 했다. 공항을 들어서면서 벽면의 전광판 앞으로 갔다. 동생이 탄 비행기 도착시간이 뜬다. 먼저 도착한 여행객들이 커다란 가방을 밀며 줄지어 지나간다. 동생은 아이 둘을 데리고 오느라 지쳤겠지만 기쁜 얼굴로 우리 앞에 나타날 것이다. 아버지는 양손에 커피를 들고 나를 기다리신다. 아버지와 나란히 입국장을 향해 앉아서 커피를 마시며 동생 이야기를 한다.

"내가 야들을 앞으로 몇 번을 더 보것노." 하시는 아버지 말씀 때문에 나도 덩달아 애틋한 마음이 된다. "그런 말씀 마세요."라고 말은 했어도 우리 자매들 서로서로 얼마나 더 볼 수 있을지 갸우뚱하면서 숫자를 헤아린다.

마주하는 우리들, 만날 수 있는 날들은 줄어들 테지만 사랑은 더 키워갈 수 있겠지.

'그건 바람만이 알고 있다'는 밥 딜런의 노랫말이 떠올려지는 날이다.

혼자, 어디까지 가고 싶니

인터넷 검색 창에 '혼자'라고만 썼는데 '혼자 여행 가기 좋은 곳'이 뜬다. 혼자만의 여행을 꿈꾸고 떠나고픈 사람이 많다는 얘기다. 떠나는 이들 뒤에는 늘 보내는 사람, 남는 사람이 있다. 다 자라난 아이는 부모 곁을 떠나간다. 떠나야 하는 아이는 보내는 게 맞다. 여행이나 유학, 어학연수 등 떠나는 이유는 다양하다. 떠나기 위해 집에서 머문다는 게 맞을 듯하다. 떠나간 그들이 머물고 있는 먼 지구 반대편까지도 부모들의 섬세한 레이더망은 작동한다.

어디를 여행하든 혼자 다니는 사람들을 종종 보게 된다. 크로아티아로 간 가족여행 중 혼자 여행 온 아이를 만났다. 자그레브에서 두 시간 거리에 있는 석회암 호수와 천연의 자연으로 유명한 플리트비체 공원에서다. 시원한 폭포와 맑은 비취색 물빛을 즐기며 하루를 보내고 다시 자그레브로 가기 위해 버스 정류장에 있었다. 이 정류장에는 우리 가족 외에 우리나라 아이들 셋이 있었고 미국 남자아이 대여섯 명 정도가 버스를 기다리고 있다. 그중 딸 또래로 보이는 혼자 여행하는 아이에게 옆자리 벤치에 앉으라는 손짓을 했는데 괜찮다면서 서 있다. 한 달 여정의 여행을 왔다는 아이의 말을 듣고 "엄마께 연락 자주 해주세요."라는 말이 내 입에서 툭 나왔다. 그 아이 엄마의 염려가 느껴져 내 가슴이 먹먹해졌다. 집에서도 듣던 잔소리로 들릴까 봐 더 말하지 않았다. 예쁘게 생긴 동그란 얼굴, 긴 생머리 사이로 귀가 쏙 나오는 모양이 우리 큰아이와 닮았다. "네, 매일 밤 엄마께 연락하고 있어요. 여행 계획부터 행선지까지 엄마랑 공유하는 SNS에 올려요." 기다렸다는 듯이 답하는 아이가 예뻤다. 우리 아이들도 다가와 대화를 이어가는데 정류장 뒤로 보이는 숲속 큰 나무 잎사귀들의 흔들림은 아이들 조잘거림같이 싱그러웠다.

중학교 시절, 방학 때면 시골집에 가겠다고 엄마에게 졸라서 밤 기차를 탄 적이 있다. 혼자 여행을 떠난 것하고는 차이가 있지만 혼자였다. 기차로 9시간 넘게 걸리는 진주역에 내려 시외버스를 타고 2시간 정도를 더 가는 곳이 목적지다. 서울역에서 밤 11시쯤 출발해서 아침 9시가 지난 시간에 진주에 내린 걸 보니 완행열차였던가 보다. 창가자리에 앉아 가방을 무릎에 얹은 채 밤새 꼼짝하지 않았다. 옆자리 아저씨가 묻는 말에 한마디 답하고 창밖만 바라보았다. 밤 기차는 밖이 깜깜해서 아무것도 보이지 않았다. 아니 시커먼 창에 반사되는 기차 안 불빛 외에 덜컹덜컹 소리만 났다. 오랜 시간 그러고 있다는 것이 상상하는 만큼의 아름다운 밤은 분명 아니었다. 밤새 할 수 있는 것은 시골에 있는 친구들과 만나는 즐거운 생각과 도서관에서 빌려 읽었던 책 구절을 떠올리는 것이었다. 그중 권장도서였던 심훈의 『상록수』, 모윤숙의 『회상의 창가에서』 같은 계몽소설, 자서전을 기억한다. 문학에 눈떠가는 중학생 시절 상상의 즐거움을 가질 수 있었던 혼자만의 여행인 셈이다. 덜컹 소리만 내던 기차는 새벽이 되면서 여명의 빛이 밝아 오고 창밖 풍경이 서서히 열렸다.

> 넓은 벌 동쪽 끝으로 / 옛이야기 지줄대는 실개천이 휘돌아 나가고, / 얼룩백이 황소가 / 해설피 금빛 게으른 울음을 우는 곳…….

70년대 중반의 시골풍경은 정지용의 「향수」 구절 그대로다. 어둠이 밀려나 햇살이 번져가는 즈음의 마을과 산과 들이 뽀얀 안개 속에서 선명해지고 있었다. 초가집에서는 아침밥 하는 굴뚝연기가 피어오르고 지게를 지고 소를 몰며 꼬불꼬불 논두렁을 걷는 농부가 보였다. 그날의 창밖 풍경은 한 폭의 수채화같이 지금도 아련하다.

그때의 난 엄마 생각은 조금도 하지 않았다. 내가 보내야 하는 시간에 대한 기대로 설레고 있었다. 플리트비체에서 만난 그 여자아이는 엄마에게 매일 소식을 주는 것만으로도 할 일은 다 한 것이다.

'무수한 마음이 알알이 걱정이었는지 엄마가 되기 전에는 모른다.' 어느 드라마 대사가 떠오른다. 멀리 떠나고픈 이에게 용기를 주는 일이나 가지 말라고 말리는 일, 어느 쪽도 정답은 없다.

남는 자일지 떠나는 자일지 그때그때 다를 테니까.

커피 그리고 아모르파티

무한반복 되는 삶에서 허무주의로 빠지는 것을 극복하고 삶 전체와 세상에 대한 긍정의 의미로 아모르파티가 요구된다는 것, 즉 자신의 운명을 사랑하라.

프리드리히 니체는 『즐거운 학문』 등에서 이렇게 운명애運命愛(Amor-Fati)를 언급했다. 아모르파티, 운명에 대한 사랑관이 우리 삶의 필연성을 어떻게 긍정하는 의미가 될 수 있을까. 또 그것으로 공허 허무까지도 얼마나 극복할 수 있는지, 니체의 주장에 어디까지 공감할 수 있는지 의문이 생겨난다.

운명처럼 살아가는 일상에서 종종 감성의 그림자 같은 우울감이 따라붙을 때가 있다. 우울한 마음이 오래 이어진다거나 이런 감정의 소용돌이에 빠져들 때면 그것으로부터 벗어날 수 있는, 극복할 수 있는 나만의 방법을 찾아본다.

일도 생활도 중요하다는 워라벨(work and life balance)은 나를 사랑하는 거다. 내게는 밸런스라 할 수 있는 것들 중 하나를 뽑자면 매일 잠깐씩 가지는 커피타임이다. 남편은 출장으로 여러 나라 오지를 다녀오면서 그 지역의 커피를 잘 사 왔다. 고양이, 다람쥐 배설물에서 나온 유명세 있는 것에서부터 에티오피아, 케냐의 커피까지 내 앞에 놓인 커피들이 좋았다.

커피를 즐겼다는 조선의 왕 고종으로부터 우리나라 커피 이야기는 시작된다. 1971년 시애틀에 스타벅스 1호점이 생긴 후 우리나라에는 1999년 이대점이 입점 1호라는데 그 후 우리나라 사람들의 커피 사랑은 급속히 번져갔다.

종로 어느 다방에서 생크림 얹힌 비엔나커피를 시작으로 지금은 아메리카노를 즐기는 것이 나의 커피 변천사다. 가까운 카페에서나 집에서나 잠시 바쁜 시선을 멈춰 커피와 함께하는 이 시간이 내게는 '아모르파티'의 순간이다. 나를 사랑하는 시간이다. 혼자 마시는 것도 좋지만 가족이나 지인들과 함께한 여행 중 마시는 커피가 마음속 울림으로 남았던 기억을 떠올려본다.

엄마 생신에 맞춰 부모님을 모시고 동생과 함께 강릉으로 갔다. 원래 대가족인데 이렇게 단출한 멤버로는 처음이다. 근처에서 군복무 중인 조카와 만나 우리 다섯은 동해안을 두루 다녔다. 안목해변의 2층 멋진 카페노 가고, 새로 지은 근처 호텔 맛집도 갔다. 부모님이 즐거워하시는 모습을 기대하면서 우리들은 재롱 섞인 이야기로 목소리를 높였다. 다음 날 아침 동해 바다가 보이는 전망 좋은 곳에서 커피를 앞에 두고 앉았다. 다시 돌아올 수 없는 부모님의 꽃다운 시절과 그리운 지난 이야기를 듣는다. 연로한 부모님의 편안한 미소 앞에 정동진 바다의 파도는 '아모르파티' 소리로 철썩철썩 부서지고 있었다.

가족과 유럽여행 중 커피의 추억도 있다. 비엔나에서 기차로 2시간 거리 모차르트 생가가 있는 잘츠부르크 기차역. 우리 가족이 내린 시간에 비가 내렸다. 예상보다 기온이 내려가 얇은 반팔 옷을 입은 아이들에게 옷 하나씩 사라고 역사 앞 쇼핑센터로 들여보냈다. 남편과 나는 비 오는 거리가 내려다보이는 카페에 앉았다. 비엔나에 왔으니 비엔나커피를 사 달라 했더니 카페 라떼를 주문해 주었다. 모차르트 생가와 지휘자 폰 카라얀의 생가, 영화 「사운드 오브 뮤직」 촬영지 미라벨 정원으로 가는 길도 미리 체크했다. 쇼핑을 마친 두 아이가 행복하게 웃는 얼굴로 나타나기를 기다리면서 향기로운 커피타임을 오래 기억하고 싶었다. 비 내리는 잘츠부르크 거리가 「사운드 오브 뮤직」의 도레미송 음률이 되어 '아모르파티' 소리로 울려왔다.

지금은 화산 폭발로 갈 수 없는 곳이 된 필리핀 오지에서 커피와 함께한 추억도 있다. 필리핀 따알 화산이 내려다보이는 따가이따이 산꼭대기 능선으로 달리는 길은 아름다웠다. 우리가 묵는 호텔에서 나와 다른 곳으로 갈 때마다 보게 되는 경관 좋은 곳에 스타벅스 카페가 있었다. 일정에 없는 스케줄을 잡아 몇 사람들과 함께 그곳에 들렀다. 바다만큼 넓은 따알 호수가 내려다보이는 곳이다. 관광객이 많은지 카페는 넓고 예쁘게 꾸며져 있었다. 전날 갔던 아름다운 스플랜디도 골프장 코스가 보이고 멀리 넓은 호수 너머로 뽀얀 연기가 솔솔 오르고 있는 화산섬이 보였다. 지구가 살아 숨을 내쉬는 현장이다. 우리는 오래오래 나란히 앉아 같은 곳을 바라보았다. 하늘하늘 피어오르는 연기가 마음으로 훅 들어왔다. 앞에 놓인 이 커피는 화산의 온기같이 지구의 체온같이 '아모르파티'라고 속삭이듯 긍정의 의미를 따스하게 전해주고 있었다.

유한한 인생, 무한반복 일상의 시간 속에서 공허한 운명을 극복하는 나만의 '아모르파티'를 하나씩 하나씩 쌓아가고 있다.

사막으로 나는 가자

    사막에 가고 싶었다. 황량하고 무심한 듯 바람에게 길을 내어주는, 한 가지 색 결 고운 무늬로 끝없이 펼쳐진 모래땅이 보고 싶었다. 모래 언덕 지평선에서 노을을 바라보며 걷고 싶었고 밤하늘의 별은 얼마나 많은지 보고 싶었다.

    드디어 고대했던 사막으로 가는 날. 햇살이 내리꽂히면 모래가 소리를 낸다는 소리 사막, 향 사막이라고도 하는 내몽고의 쿠부치 사막으로 간다. 모자, 양산, 선글라스 그리고 해를 가려줄 긴 옷도 준비했다. 사막 입구에는 관광객을 위해 헝겊 장화가 비치되어 있었다. 모래가 신발에 들어가는 것을 막아주려는 장화로 여러 가지 색상 중 나는 빨간 것으로 골라 신었다.

    사막 안쪽 낙타가 있는 곳까지 리프트로 40분가량 들어간다. 둘씩 짝을 지어 리프트에 올랐다. 천천히 움직이는 리프트였지만 덕분에 사막으로 편히 들어가고 있었다. 구름이 많아 우려했던 더위는 없었다. 발아래 사막에는 황사가 되는 것을 막기 위해 계획된 구역마다 줄지어 어린 나무들이 심어져 있었다. 중간쯤 갔을 때 구름이 점점 어둡게 변하더니 멀리 지평선 너머로 번개가 내리쳤다. 번개가 번쩍하면 천둥소리가 우르르 쾅쾅 이어졌다. 한꺼번에 줄지어 내리꽂히는 번개는 마치 반짝이 커튼을 드리운 듯 보였다. 동그래진 눈으로 그 광경을 바라보며 사막으로 들어가고 있다.

"우와, 대단하네요. 우리를 환영하는 인사가 과하네."라는 내 말에도 옆 사람은 안절부절이다.

"저 번개가 우리가 탄 이 리프트 기둥 하나라도 치게 되면 우리는 바로 죽는다고요. 돈을 많이 벌어놨는데 여기서 이러면 안 되는데. 만약 죽어도 혼자 가는 게 아니고 여럿이 같이 가는 거니까 그래도 다행일 거야."에서부터 위험한 여행을 강행한 주최 측 험담까지 불만이 많다. 리프트 뒷자리를 돌아보니 일행 두 사람도 무서워서 잔뜩 움츠리고 있다. 하늘에서는 번쩍번쩍 우르르 쾅쾅거리고 리프트 발아래는 태곳적 모습인 듯 황량한 모래 둔덕까지 공포감을 주는 스릴의 사막행이다.

무사히 도착한 목적지에는 번개도 천둥소리도 멈췄다. 사막의 한가운데서 낙타를 탔다. 낙타의 털은 지저분하게 엉켜있는 것도 많았는데 내가 탄 낙타는 비교적 어려서 눈동자도 얼굴도 예쁘고 털색이 맑았다. 생각보다 낙타 등이 무척 높았고 걸음은 느릿느릿했다. 낙타의 봉긋한 능을 잡고 먼 곳 사막의 끝을 바라보았다. 보이는 곳은 온통 모래 둔덕,

사막이다. 예쁜 낙타의 털색 같은, 바람의 발자국 같은 모래 결을 눈에 담고 가슴에도 담았다. 흔들리는 낙타 위에서 가끔은 부대꼈을 지난 기억들을 잠시 떨쳐내고 싶었다. 유치환의 시를 떠올리면서.

> 병든 나무처럼 생명이 부대낄 때 / 저 머나먼 아라비아의 사막으로 나는 가자 (……) / 옷자락을 나부끼고 호올로 서면 / 운명처럼 반드시 / '나'와 대면케 될지니
>
> — 유치환, 「생명의 서」 중에서

바람에 날린 모래는 가리개를 썼는데도 얼굴에 마구 붙었고 모래썰매를 탈 때는 온몸에 들러붙었다. 사막을 좋아하고 동경한 그 이상의 밀착이다. 멀리 있던 먹구름이 점점 가까워졌다. 기념사진을 찍고 있을 때 빗방울이 떨어지기 시작했다. 모래가 조금씩 젖어갔다. 어느새 빗방울이 커지더니 소나기로 변했다. 비를 피할 수 있는 천막에 모여 우리를 태워줄 지프차가 오기를 기다렸다. 사막에서 거세게 내리는 소낙비를 바라본다. 마른 모래는 물기를 빨아들이다가 촉촉이 젖어간다. 리프트 발아래로 본 작은 나무들도 이 빗물에 흠뻑 적셔질 것이다. 기다리던 지프차에 올라 햇빛을 가리려던 양산을 펼쳤다. 내 작은 양산 덕분에 몇 사람이 세찬 소낙비를 조금은 피할 수 있었다. 우릴 태운 지붕 없는 지프는 오는 비를 다 맞으며 오르락내리락 청룡열차같이 모래 위를 달렸

다. 소나비는 제법 오래 내렸다. 모래 섞인 비바람이 얼굴에도 붙고 머리카락에도 붙었다. 헝겊장화를 반납하는 곳까지 돌아오는 내내 비를 맞았다. 도착한 후의 우리들 모습은 웃음을 참을 수 없이 초라했다. 비록 모래언덕 위의 노을과 밤하늘 별들은 볼 수 없었지만 소나기에 젖어가는 사막을 바라본 것과 모래 비는 생각지 않은 선물이었다.

사막의 모래는 내게 오래 머물고 싶었는지, 몇 번을 씻어내어도 머리카락에서 또 입안에서 며칠 동안 서걱거렸다.

이별을 대하는 자세

2박 3일의 여행에 신을 신발은 너로 찜. 뒷굽이 조금 있고 발등으로 찍찍이 끈이 있어 운동화같이 편한 너, 몇 해 전 여행에서도 신었기에 눈에 들어온 거야. 너와 처음 만났을 때를 생각해 보니 제법 오래전이었어. 지난 여행 동안 즐거웠던 사진들이 떠올려지면서 이번 여행도 너로 인해 예쁜 추억을 남겨줄 거라 내심 부풀었지.

그렇게 너와의 여행이 시작되었어. 3일의 짧은 여행 기간이니 너 하나로 충분하다고 믿은 둘째 날, 길을 걸을 때 앞 밑창이 조금 벌어지더라고. 여분의 신발이 없었으니까 쇼핑하는 곳에 가면 사야지 했는데 여행지 어디에도 신발은 없었지. 마침 가지고 있던 고무줄 하나를 돌려서 팽팽하게 감고 다녔는데 오후에 비가 내리는 거야. 비는 많이도 내려 다니는 곳마다 도로 위는 금세 물길이 되었지. 그런 블라디보스토크 거리를 첨벙첨벙 잘도 다녔어. 그러다 숙소에 들어오니 신발은 더 많이 벌어졌고 다른 쪽 밑창도 앞이 벌어지고 있었던 거야. 접착제도 구할 수가 없었지. 이곳은 어떤 물품이나 필수품을 우리나라처럼 쉽게 살 수가 없다는 것을 새삼 느꼈지. 같이 간 일행들은 여분의 신발을 내개 주었지만 맞지 않아서 아쉬운 대로 호텔 카운터에서 투명 스카치테이프를 빌렸어. 그것으로 어떻게든 신발을 붙여보려는 거였지. 내일이면 집으로 돌아가는 짧은 일정에 이런 난감함이라니.

다음 날 테이프로 양쪽 발 전체를 신발과 함께 돌돌 감았어. 그렇게 두 발 다 칭칭 테이프를 앞뒤로 감아 너와 내 발은 완전 한 몸으로 된 거야. 다른 일행들에게 사정 이야기는 해두었어도 조금은 부끄러웠어. 아침부터 관광 다니는 곳에서나 공항에서 신발을 사려 했지만 어디에도 파는 곳은 없었지. 8월의 여름날이었는데 그리 덥지는 않아 다행이었어. 하루 종일 내 발은 너와 일체형으로 붙어있다가 귀국 후 집에 도착해서야 벗어날 수 있었다네.

나와 한 몸이었던 너는 잘라낸 테이프와 함께 굽 부분이 분리되고 조각으로 부서지면서 널부러지더라고. 아고, 가슴에서 철렁 소리를 내는 거야. 눈물이 찔끔 날 만큼 놀라운 광경이었어. 이 모양이 될 때까지 종일 잘 지탱해준 것이 너무 안쓰럽고 고마워서 한참을 바라보았지.

미국 드라마 「섹스 앤 더 시티」의 주인공 캐리는 '좋은 신발은 좋은 곳으로 데려다준다.'라고 했는데. 소임을 다 마친 듯 부서진 네 옆으로 신발장에 두고 있던 신발을 다 꺼내보았어. 그동안 같이했던 신발들을 보면서 새삼 옛일을 추억하느라 잠시 쭈그리고 앉아있었지. 오래된 신발들은 미련 없이 버려야지. 마음은 그랬어. 신발을 신고 어디를 갔었는지, 또 살 때의 기억까지 선명한데, 그날들이 떠올라 다시 신발장으로 들여놓다가 또다시 내놓았지. 언제 또 신을 거라는 생각을 말자. 아쉬운 마음도 버리자 다짐하면서 이제는 진짜 작별을 고하려 해.

　머물면서 흐르지 못하는 것들이 어디 신발뿐이었겠니. 조그만 틈을 막아보려 아주 강하게 돌려막아도 절대로 원래의 모습으로 붙여지지 않는 것들이 어디 너뿐이었겠니. 붙잡지 말고 흘려보내자. '영혼은 낙타의 속도로 움직인다.'라는 아랍 속담처럼 잰걸음이라도 한 걸음 한 걸음 천천히 해보는 거지.
　이별에는 항상 서투른 나에게 이제는 먼저 놓아줄 줄도 알아야 한다고 통과의례 같은 이치를 알려준 너. 함께한 날들 속으로 산산이 부서지면서 사라진 너를 오래도록 기억해 줄게. 이젠 안녕.

초대

메멘토 모리Memento Mori(죽음을 기억하라). 옛 로마에서 승리하고 돌아오는 병사들에게 '다음에는 너도 죽을 수 있다, 겸손하라.'는 의미로 외쳤다는 라틴어다.

죽음을 기억하고 사는 날보다 잊고 사는 날이 많다. 잊고 사는 날이 많다는 것은 일상이 바쁘게 또는 그다지 나쁘지 않았다는 의미일 게다. 그러다 지인의 부고를 들을 때면 이 말을 떠올리게 된다. 안타까운 마음과 위로를 전하기 위해 장례식장을 찾는다. 꽃 장식 속 고인의 사진 앞에서 예를 갖춘다. 지구의 한 공간을 같은 시간대를 공유하며 살았던 분. 한세상 살다가 떠나며 인연을 맺었던 사람을 위한 마지막 초대다. 차려진 음식을 앞에 두고 고인의 삶을 이야기한다. 어떻게 살아왔고 무엇으로 즐거워했고 어떤 아픔이 있었는지, 한나절 여행 같았을 삶을 기억한다.

초대, 설레는 말이다. 사람을 불러 대접하는 일, 주로 즐거운 행사에 쓰는 말이다. 하지만 장례식장으로 부르는 초대에는 슬픔을 나누기 위해 참석한다. 우리들의 일상이 소중한 만큼 그 나날을 지나가신 사람에 대한 애석한 마음을 전하고 싶어 참석한다. 그래서 '문상'이라는 말보다 '그분의 초대'라는 말로 받아들이고 싶다. 한 사람의 인생에 대해 애잔함과 더불어 생의 찬사를 보내주고 싶다. 거리가 먼 지방의 도시까지 많은 장례식장을 다녔다. 가끔은 돌아오는 길에 그 지역의 유명한 곳에 들러 보기도 한다.

언젠가 가까이 지내는 이의 아버지가 돌아가셨다. 저녁 7시쯤 만난 우리 네 사람은 승용차 한 대에 타고서 장지인 포항으로 출발했다. 비가 억수로 쏟아지는 날이었다. 우리들은 마치 소풍길인 듯, 바닷가 첫 집인 그곳으로 갔다. 요즘처럼 내비게이션이 있을 때도 아니어서 물어물어 간 길이다. 주유소에서 길을 물었을 때는 정겨운 사투리 때문에 다 같이 따라 하며 웃었다. 12시가 넘어 도착한 우리에게 막내딸로 자란 그이는 아버지에 향한 애틋한 사랑 이야기를 들려주었다. 그러고는 우리를 바닷가로 안내했다. 그 밤에 파도소리 들으며 구룡포 밤 바닷가를 걸었던 기억과 먼 길을 오가며 나눴던 이야기는 추억이 되었다.

기억에 남는 어느 해 마지막 날 밤의 초대도 있었다. 우리 일행은 일산에 있는 장례식장을 찾았다. 중년의 젊음이 묻어나는 사진 속 지인의 남편 분께 예를 표하고 그분의 마지막 초대에 우리는 둘러앉아 조용히 엄숙한 분위기에서 식사를 했다. 지인의 슬픔을 가늠할 수 없었지만 조금이라도 나누어지기를 바라며.

집으로 돌아오는 강변북로 길 차 안에서 라디오를 통해 흐르는 작별(The Parting Glass) 노래와 제야의 종소리를 들었다. 세상을 떠난 그분의 초대로 우리는 새해를 같이 맞이한 것이다. 서로 새해인사를 주고받았다. 일행 중 한 사람은 집에 있는 남편에게 새해 첫 전화를 건다. "작년도 수고했어요. 올해도 잘 부탁해요."라고 전하는 목소리를 기억한다.

나와는 어떤 인연이었기에 인생을 마치고 가는 길에 찾아가 고개 숙여 기도를 했을까. 마지막 초대에 모인 사람들은 위로도 정담도 나누다가 돌아가신 분을 잊고 즐거운 대화로 웃기도 한다. 그래서 축제라는 사람도 있다.

사진 속의 그분은 '나를 잊지 마세요.'라고 할 것 같다. 아니 '나를 잊어주세요.'일까.

인디언 나바호족의 말이다. '이 세상에 태어날 때 너는 울었지만 세상은 기뻐했으니, 네가 죽을 때 세상은 울어도 너는 기뻐할 수 있도록 그런 삶을 살아라.'

부산 출생

1996년 『수필문학』 등단

한국문인협회 회원, 국제PEN한국본부 회원

한국산문작가협회 회원

제6회 동서커피문학상 수상, 제8회 한국산문문학상 수상

수필집 『청춘, 아니어도 축제다』

공저 『너에게 나는 어떤 풍경일까』

✉ idun7@naver.com

김정희

늙음, 명랑하게 견디기

> "성숙과 노년 그 사이 어느 지점에서 고군분투 중이다.
> 너무 늦은 나이라는 사회적 편견에서 벗어나
> 새로운 삶의 기술을 만들고 싶다.
> 그리하여 나의 노년이 늦가을의
> '인디언 썸머'처럼 화창하길 소망한다."

1. 끝은 시작이다
2. 노인을 위한 화장법은 없다
3. 반려伴侶와 반려返戾
4. 위시리스트와 버킷리스트
5. 사진도 늙어야 한다
6. 낭만과 동세

끝은 시작이다

어린 시절 내 방 천장 벽지는 사방연속 무늬였다.
방 한가운데 누워 똑같은 크기와 모양의 무늬들이 일사분란하게 반복되는 것을 보면서 습관처럼 그 끝과 시작점을 찾곤 했다. 신기하게도 눈을 감았다가 뜰 때마다 매번 달랐다. 모든 무늬들이 방 한가운데에서 시작해 네 귀퉁이로 퍼져 나가는 듯 보이다가도 다시 눈을 감았다가 뜨면 네 개의 모서리에서 일제히 정중앙으로 향하는 듯 보였다. 시작이 끝이었다가도 그 마지막 지점에서 모든 무늬들이 새로 출발하는 것처럼 보이곤 했다.

페터 빅셀의 소설 『책상은 책상이다』에 보면 지구가 둥글다는 사실을 확인하기 위해 돌아오지 못할 길을 떠나는 남자에 대한 이야기가 있다. '지구는 둥그니까 자꾸 걸어 나가면 온 세상 어린이들 다 만나고 오겠지'라는 노랫말의 동요처럼 그 남자는 여정을 시작했을지도 모른다. 어쩌면 시작과 끝은 동의어가 아닐까. 훗날 첫머리와 말미의 구분이 모호하게 반복되던 천장 무늬의 그 작은 방에서 벗어나, 해맞이로 '정확하게 한반도의 동쪽 끝'이라는 정동진正東津에 갔을 때도 그랬고 해남海南 '땅끝마을'에서도 마찬가지였다.

유럽 대륙의 최서단最西端 카보다로카Cabo Da Roca의 벼랑 끝에 서서 나는 다시 혼란스러웠다. 오래전 5척 단신을 겨우 눕히던 사방연속 무늬의 그 천장 대신에 광활한 대륙의 땅에 서서 끝 간 데를 모르게 펼쳐진 대서양의 하늘을 바라본다. 사람들은 이곳을 한사코 '유럽 대륙의 끝'이라고 단정 짓는다.

대양에서 불어오는 바람의 위세가 살갗을 깎아 내려는 듯 매섭게 불어닥친다. 해안의 절벽 아래 바람과 파도는 쉴 새 없이 대륙의 말단부末端部를 조금씩 갉아 먹고 있다. 혹여 이곳이 대륙의 끝이 아니라 시작이라면 저 거센 파도의 포말은 그 첫머리를 열기 위해 수없이 해안선의 암초와 맞서 싸우고 있는지도 모른다.

문득 존 던John Donne(1572~1632)의 시 한 구절이 떠오른다.

··· 모든 인간은 대륙의 한 조각이며 / 대륙의 일부분일 뿐 / 만일 흙덩이가 바닷물에 씻겨 나가면 / 유럽 땅은 그 만큼 작아지고···

―「누구를 위해 종은 울리나」 중에서

이곳 카보다로카에서 푸른 대양을 배경으로 사진을 찍으면 누구나 이제 막 항해를 시작한 바다의 돈키호테처럼 보인다. 반대로 그곳의 낡은 목책과 등대가 보이는 풍경을 등지고 사진을 찍으면 광활한 대륙의 끝까지 거침없이 달려온 월계관의 마라토너처럼 영광스럽게 보이기도 한다.

기독교와 이슬람의 영욕이 교차하던 세월을 묵묵히 견뎌온 이베리아 반도의 서쪽 끄트머리에 서서 나는 대항해 시대의 서막을 알리는 범선의 뱃고동 소리와 펄럭이는 돛의 위용을 상상해 본다. 지금은 희미한 옛 영광의 그림자만 남아있는 영락한 모습의 리스본을 보면 모든 시작은 그 끝을 은유하고 있다는 생각이 든다. '세상에 영원한 것은 없다'는 것을.

검푸른 파도를 헤치고 지브롤터 해협을 건너 아프리카 북단의 탕헤르에 도착해서 바라보면 유럽 대륙의 끝은 곧 그 시작을 의미한다. 이베리아 반도의 이 땅끝 마을을 보기 위해 몰려드는 사람들 속에서 나는 오랜 항해 끝에 도착해 뭍으로 첫발을 내딛는 이방인처럼 대륙의 끝이 아니라 그 시작을 탐험하려 한다. 내가 걸어온 삶의 여정을 앞만 바라보며 걷는다면 지금 나는 그 끝 지점에 점점 가까워지고 있다. 가끔은 뒤돌아서서 내가 시작한 곳을 배경으로 사진을 찍어야겠다. 아직도 탐험을 시작할 수 있는 여지가 많은 것처럼 근사하게 셔터를 누르면 언제나 내 삶은 새롭게 시작되리라 믿으며.

노인을 위한 화장법은 없다

 갈수록 화장이 아니라 거의 분장 수준이다. 둥글던 눈꺼풀이 처져서 점점 세모꼴로 변해간다. 이젠 눈을 동그랗게 뜨는 게 아니라 세모나게 뜬다는 말이다. 아이라이너로 눈매를 둥글게 위장하고 처진 눈꼬리를 날렵한 초서체草書體처럼 치켜올린다. 눈가의 주름살을 감추느라 쿠션과 파운데이션을 덕지덕지 바르고 집을 나선다. 이러다가 가부키歌舞伎 화장처럼 되는 건 아닐는지. 지하철 차창 유리에 비친 내 모습을 애써 외면한다.
 차 안에는 온통 성형외과 광고지로 도배되어 있다. 성형 모델의 수술 전후를 비교한 '비포'와 '애프터' 사진은 자기를 낳아준 엄마도 그 딸의 얼굴을 알아볼 수 있을까 싶다. 분명한 건 모델의 민낯의 '비포'와 마법처럼 변신한 '애프터'가 한결같이 젊다는 거다. 독 사과 바구니를 든 마귀할멈이 백설 공주처럼 젊어진 '비포 애프터' 광고사진은 어디에도 없다. 세월 앞에 장사 없다는 불편한 진실을 첨단의 성형의학노 알고 있는 걸까?

　세모난 눈매가 들통나기 전에 아이라이너를 새로 사러 백화점에 들렀다. 화장품 매장 입구 쪽에 C社의 메이크업 쇼가 한창이다. 빼어난 미모에 젊디젊은 모델을 상대로 시연을 하는지라 나랑은 무관하다고 지나치는데 의외로 나이 든 여자들이 관람하고 있었다. 슬그머니 용기를 내어 뒷줄에서 그 젊은 남자 메이크업 아티스트의 강연을 경청했다. 이목구비가 완벽한 얼굴의 모델에게 아이섀도, 아이라인, 쉐이딩 블러셔 등등의 화장법을 시연하고 있는 젊은 남자의 모습은 자기 작품에 도취한 예술가처럼 자신감 넘친다. '쳇! 나같이 주름지고 대책 없는 얼굴을 변신시켜야 진짜 실력 있는 아티스트 아닌가?' 하고 반감이 생길 정도로 거만하다. 모든 프로그램이 다 끝나고 화장법에 대한 상담을 받는다고 할 때 그곳을 빠져나왔다. 내 또래의 그 여자들도 머뭇거리다가 그냥 가 버리는 걸 보면서 왠지 주눅이 들어서 몇 가지 궁금한 점도 있지만 포기하고 돌아섰다. 물끄러미 뒤돌아본 그 매장에는 젊고 예쁜 소비자들이 화장법 상담을 받느라 붐비고 있다. 아무래도 내 얼굴에 맞는 고난도의 화장법에 대한 질문에 해답을 줄 수 있는 분위기가 아닌 것 같아 못내 망설였다. 바로 그때 젊은 아티스트와 눈이 마주쳤다. 아니 내 시선이 그를 따라다녔다는 게 더 정확한 표현이다. 심호흡 크게 한번 내쉬고 그에게 다가가서 조심스레 물었다.

　"저기요, 저는 저 모델과는 완전 반대의 얼굴인데 어떻게 해야 하나요?"

난감한 표정의 그에게 다시 한번 구체적으로 물었다.

"눈두덩이 움푹 꺼지고 세모난 제 눈꺼풀에는 저 모델처럼 도톰하고 동그란 눈매에 화장한 것과는 반대되는 색깔의 섀도와 아이라인을 그리면 될까요?" 이 정도 자가비판이면 '연민이 들어서라도 나이 먹은 여자에게 관심을 주겠지' 생각하며 기어 들어가는 목소리로 말했다.

귀찮다는 듯이 잠시 내 얼굴을 살피던 그 젊은 아티스트가 거들먹거리며 하는 말,

"아니, 섀도 색상 종류가 얼마나 많은데…."

순간 나는 허세 덩어리 같은 젊은 남자가 생략한 그다음 말의 의미를 눈치채고,

'그니까 그게 무슨 색깔이냐구요!' 하고 쏘아붙이려다가 "아, 됐어요!" 하고 홱 돌아섰다. 그래도 명색이 소비자로서 잠재적 고객인데 붙잡지도 않는다.

오래전 내가 저 남자 나이 무렵에 문화센터에서 만난 할머니가 생각난다. 데스크에서 80대 정도 되는 할머니가 '메이크업 강좌' 수강신청서를 쓰고 있었다. 갈라진 주름살 사이로 파운데이션이 스며들어 더욱 골 깊어 보이는 얼굴을 위한 화장법이 있기나 한 건지 의구심과 함께 내심 웃음이 나왔다. 어쩌면 그때 나의 웃음이 부메랑이 되어 저 젊은 남자의

조소 띤 행동에 상처받은 건지도 모른다. 머잖아 나도 화장과 머리염색을 포기하고 주름진 얼굴과 호호백발皓皓白髮에도 감사하며 저물어 가겠지. 예나 지금이나 '노인을 위한 나라'가 없듯이 '노인을 위한 화장법' 따윈 애초에 없는 건지도 모른다.

반려伴侶와 반려返戾

어둠이 짙게 깔린 산책로에 그림자 하나가 절룩거리며 달아난다. 내 발자욱 소리에 소스라치게 놀란 것 같다. 한겨울 밤 공원의 정경이 삭막한 탓도 있지만 유난히 그 짐승의 실루엣은 메마르고 애잔하다. 무슨 종種의 강아지인지 그 형체를 알아보기 힘들 정도로 안쓰러운 몰골이다.

공원의 언덕에서 뛰어놀던 토끼나 들고양이도 한겨울이면 자취를 감춘다. 오래전 할머니는 추운 날 먹이를 찾아 마을로 내려오는 산짐승을 위해 서리 내린 밭이랑에 무나 배추 같은 푸성귀를 다 뽑지 않고 조금 남겨두었다. 그 기억 탓인지 나는 겨울의 산책길에 나설 때는 간단한 먹거리를 챙기곤 한다. 가끔은 마른 나뭇가지 덤불 아래서 울고 있는 고양이의 허기를 달래줄 수도 있기 때문이다. 내가 가방에서 간식을 꺼내느라 부스럭거리는 소리에 멀찌감치 서 있던 그 유기견이 경계심을 푸는 듯 보이다가 이내 달아나 버린다.

가로등 가까이 밝은 곳에서 먹이를 높이 들어 올려 보이며 "이거 먹고 가!" 하고 찾기 쉬운 곳에 두고 자리를 피해주었다. 집으로 돌아오는 길이 마냥 슬펐다. 한때 저 강아지는 주인의 사랑을 한 몸에 받은 적도 있었겠지. 세상에 존재하는 모든 것들의 관계는 왜 영원하지 않은 걸까.

자주 가는 마트의 입구 쪽에 동물 병원이 있다. 좁고 어두운 케이지 속에서 웅크리고 있는 강아지들을 보면 집에 데려오고 싶은 유혹을 견딜 수 없다. 무언가 간절히 기다리는 그 눈빛과 마주하고 싶어 유리창을 사이에 두고 쪼그리고 앉아 하염없이 바라보곤 한다.

언제부턴가 '애완동물'에서 '반려동물'이라는 단어로 바뀌었다. '애완愛玩'이든 '반려伴侶'든 어차피 인간의 편의적인 관점에서 만들어진 용어다. 물론 '반려' 쪽이 동물보호 차원에서 진정성이 더 느껴진다. 반려伴侶는 '짝을 뜻하는 반伴'과 '짝을 뜻하는 려侶'로 인생의 인연을 함께한다는 의미다.

어느덧 내 머리카락도 희끗희끗하니 거의 반백半白에 가까워 염색을 하지 않으면 초로初老의 누추함이 드러난다. '검은 머리 파뿌리 되도록 기쁠 때나 슬플 때나 함께하겠다'던 나의 반려자와의 서약은 거의 지킨 셈이다. 그 언약이 깨질 듯한 고비를 넘길 때마다 이미 낡아버린 이데올로기 같은 '반려'의 무게에 가슴 쓸어내리기도 했다. '다시는 반려할 그 어떤 존재와의 서약이나 언약 따윈 하지 않으리라' 다짐하기도 했다. 어느 날 갑자기 소나기를 피해 처마 밑에 뛰어들다가 우연히 마주친 것처럼 아주 사소한 인연조차 내 삶에 의미 부여를 하곤 했다. 너무나 많은 것들과 인생을 함께하려 했던 것이다. 살면서 가장 가슴 아리던 것은 함께하지 못해 떠나보내고 떠나와야만 하던 일들이다.

　장기간 여행으로 집을 비울 때 제일 번거로운 게 베란다 화분에 물 주기다. 다육이를 제외하고 대부분이 물을 많이 먹는 식물들을 키우고 있는지라 일일이 물통에 뿌리가 잠기도록 화분을 담가놓고 출발한다. 여행 내내 식물들이 말라 죽거나 혹은 물을 너무 많이 먹어 뿌리가 썩을까 봐 조바심치면서 생각한다. '역시 강아지를 키우지 않은 건 잘한 일이야'라고.
　강아지 평균 수명이 약 15년 정도라고 한다. 지금 내가 마트 입구의 그 동물 병원에서 강아지를 데리고 온다면 행복하게 반려할 수 있는 시간이 얼마나 될까 싶다. 나랑 비슷한 무렵에 함께 백내장에 걸린 개는 눈이 어두워 여기저기 부딪혀 멍들고 상처투성이가 되겠지. 혹시 내가 관절염이라도 걸린다면, 함께 절룩거리며 아픈 내 무릎에 앉혀놓고 마음대로 안아주지도 못할 강아지를 키운다는 건 고행의 반려일 뿐이다. 여행에서 돌아왔을 때 현관문 앞에서 나를 기다리다 싸늘한 주검이 되어있는 반려견을 발견한다거나 혹여 내가 집에 아무도 없을 때 쓰러져서 세상을 떠날 경우가 생기면 의견설화義犬說話의 주인공처럼 사력을 다해 내 주위를 맴돌 모습을 생각하면 너무나 가슴 아프다. 어띠힌 디 김이

나 맹세도 영원한 반려의 서약은 지킬 수 없음을 알기에.

공원에 버려진 그 강아지처럼 쉽게 반려返戾해서는 안 될 반려伴侶의 인연을 맺지 않은 건 참 잘한 선택인 것 같다.

위시리스트와 버킷리스트

'달랑 하나 남은 하이힐마저 버려야 하나?' 갈등 중이다. 몇 해 전에 굽이 높은 구두는 다 버리고 황금색 리본과 프릴이 달린 이 빨간색 하이힐만 남겨두었다. 짧은 치마와 높은 힐을 즐겨 신던 무렵에 인터넷 쇼핑몰에서 구매한 것이다. 그때 '장바구니 담기'라든지 '위시리스트'와 같은 구매하기의 클릭 아이콘이 왜 그리도 유혹적이었던지. 하늘하늘한 시폰 원피스, 스팽글이 붙은 청바지, 도발적인 무늬와 형형색색의 스타킹, 민망하리만치 짝 달라붙는 레깅스, 굽이 아찔하게 높은 구두들이 쇼핑몰의 내 위시리스트에 오르곤 했다. 여우의 턱선처럼 앞이 뾰족하고 굽이 가녀린 빨간색의 이 구두와 잘 어울리던 짧은 스커트들은 벌써 다 버렸다. 가끔은 차 안에 두고 파티나 기념일 같은 축하 모임에서 잠깐 신기도 했지만 그나마 좁은 신발장에 자리만 차지한 지 오래다.

마음이 몹시도 울적하던 어느 날, 이 빨간색 힐을 꺼내 신고 거울 앞에서 섰다가 목선이 늘어져 낡아버린 면 티셔츠처럼 후줄근한 나를 보면서 마음을 접었다. 집중력과 순발력이 떨어지고 운전하는 일이 부담스러워 대중교통 이용이 늘어나면서 내 차림새도 변했다. 버스 정류장까지 걸어야 하고 지하철 계단을 오르내리기에 편한 신발만 눈에 들어온다. 영롱한 비즈나 마성魔性이 넘치는 스터드stud 장식의 매혹적인 킬힐을 보면 슬픈 침이 고인다. 신으면 다리가 후들거려서 몇 발짝 못 가 골절상으로 장기 입원할 것만 같아서다. 이젠 가늘고 높은 굽의 힐에 내 몸을 싣고 거리를 활보하는 일은 위시리스트가 아닌 버킷리스트에 올려야 할 항목이 되어버린 걸까.

언제부턴가 '웰빙'이나 '웰다잉' 같은 용어들이 사라지고 '욜로YOLO(You Only Live Once의 약자)'니 '휘게Hygge'니 '버킷리스트' 같은 라이프스타일이 유행한다. 왠지 '욜로' 좋아하다가 한 번뿐인 내 인생 한 방에 훅 갈 것 같고, 아무리 내가 와인을 좋아한다 할지라도 '죽기 전에 꼭 마셔야 할 와인 1001가지'를 보면 버킷리스트의 목록을 다 쓰기도 전에 간 질환으로 생을 마감할 것 같다. 그중에서도 버킷리스트의 단골 메뉴는 '죽기 전에 가봐야 할 여행지'다. 암에 걸린 두 남자 주인공이 죽기 전에 이집트의 피라미드와 에베레스트에 오르는 장면이 나오는 영화도 있다. 아마도 여행은 삶의 여정의 의미를 함축한 압축 파일과도 같은 것이 아닐는지. 여행은 '여기서 행복할 것'의 줄임말이라고 누군가 말했다. 삶의 매순간이 행복해야 한다는 말이다. '인생은 위대한 희생이나 의무 같은 거창한 것이 아니라 작고 사소한 것들로 이루어졌다'는 메리 R. 하트먼의 시 구절처럼 행복도 그런 것 같다.

   덴마크어로 '편안하고 아늑하다'는 뜻의 '휘게', '작지만 확실한 행복'을 줄여서 '소확행'과 같은 말들이 더 친근하고 공감이 가는 이즈음이다. 어느 날 문득 죽음을 목전에 두고 절박하게 작성하는 것보다 사소한 꿈과 희망으로 이루어진 위시리스트를 미리 조금씩 써 내려가야 할 것 같다. 언젠가 나의 버킷bucket을 걷어차 버려야 할 때가 온다 해도 인생의 미련과 회한으로 가득 찬 항목 대신에 '미션 클리어!'라고 유쾌하게 목록의 마지막을 장식하고 싶다.

   빨간색 하이힐은 다시 신발장에 갇혀있다. 한때 플라멩코를 추던 카르멘의 빨간 구두처럼 행인들의 시선을 한 몸에 받으며 거리를 활보했던 나의 구두에게는 감옥과도 같은 것이겠지.

   한 시절 열망으로 들뜬 내 마음이 달리던 곳 그 어디든 데려다주었던 나의 구두야, 미안해. 하지만 너는 영원히 내 인생의 마놀로 블라닉Manolo Blahnik이고 지미 추Jimmy Choo이며 밑창이 빨간 루부탱Christian Louboutin의 킬힐이란 걸 잊지 마. 흙먼지 나는 어느 여행길에서 몸은 비록 투박한 트래킹 슈즈를 신고 있지만 마음은 언제나 하이힐이던 나와 함께해 줘서 고마워. 런웨이의 모델처럼 당당하고 우아한 내 노년의 스타일을 위해 위시리스트이자 버킷리스트의 복톡이 되어줄 것을 너에게 소밍한다.

사진도 늙어야 한다

엄마 얼굴의 검버섯이 없어졌다. 남은 주름살도 깨끗이 지워달라는 나의 주문에 영정사진을 제작하는 사진사는 난색을 표한다. 구십을 바라보는 할머니를 도대체 몇 살처럼 보이게 하라는 건지 난감한 모양이다.

"저승 가면 너거 아부지 날 알아보겠나?"

아버지보다 곱절의 나이를 더 살고 계신 엄마가 팔순 잔치 때 하신 말씀이다. 내 욕심 같아선 엄마의 사진을 한 마흔 살쯤 되돌려서 아버지랑 나란히 잘 어울리게 만들고 싶다. 사진사는 '영정사진이 실제 나이보다 너무 젊게 보이면 부자연스럽고 어색하다'고 은근히 핀잔이다.

사흘이 멀게 엄마는 수척해져 간다. 곡기를 끊는 날이 부지기수다. 그래서 때 아닌 시간에 전화가 오면 가슴이 철렁 내려앉는다. 엄마를 만나러 가는 길은 늘 조바심으로 종종걸음이다. '지난번보다 더 야위었으면 어쩌나' '이젠 나도 못 알아보면 어쩌나' '슬픈 기억들만 떠올리며 우시면 어쩌나' 생각하다가 만나기도 전에 목울대가 얼얼해진다. 병원에 면회 갈 때 준비물이 점점 줄어들어 이젠 거의 빈손으로 향한다. 그렇게 잘 드시던 찹쌀 수제비 미역국이랑 전복죽, 아귀 수육과 생선회도 준비해 가지만 찡그리며 손사래를 친다. 이제는 엄마의 기억을 소환할 사진 몇 장을 챙겨 가는 게 고작이다.

어느 날은 불쑥 "아부지는 어디 가셨노?" 하길래 "벌써 돌아가셨지요" 했더니 "내가 기림사로 소풍 간 사이에 돌아가셨네" 하고 목 놓아 우신다. 듣고 보니 엄마가 찾는 아버지는 내 아버지가 아니라 외할아버지였다. 엄마의 시간은 초등학교 소풍날로 회귀 중이었던 것이다. 준비해 간 아버지 사진을 보여드렸더니 "이 사람은 누고?" 한다. 아버지 함자를 또박또박하게 말씀드리며 "엄마의 남편 그리고 우리 아버지" 했더니 전혀 낯설어 하시며 "너거 아부지는 우짜다가 돌아가셨노?" 한다. 만성 질환으로 오랜 투병 생활을 하신 아버지를 병간호하느라 보낸 힘든 시간을 다 잊은 얼굴이다. "그래… 아부지 없이 너거들은 우째 살았노?"라며 남편 없이 다섯 남매를 키우느라 신산스런 그 세월마저 잊은 것 같다.

그 시절 엄마가 힘들 때마다 아버지 영정사진을 쳐다보며 맏이인 내게 입버릇처럼 하던 말 "이노무 세월 얼른얼른 지나가서 너거 아부지 곁으로 가면 좋겠다…."

그 시절 문갑 위에 놓인 영정사진 속의 아버지는 엄마의 힘든 일상을 안타깝게 바라만 볼 뿐 늘어가는 엄마의 주름살과 검버섯엔 아무런 도움이 되지 못했다. 아버지가 저세상에서 엄마를 만날 때 그동안 고생 많았다고 손이라도 어루만질라치면 엄마는 너무 많은 기억의 소실로 낯가림하지나 않으실는지.

식사를 거의 못 하고 링거에 의지한 채 눈에 띄게 체중이 줄어드는 모습을 보며 마음의 준비를 해야겠다 싶어 사진 파일을 저장한 하드웨어를 탐색했다. 그중에 아버지랑 나이 차가 가장 적어 보이는 사진을 찾아보지만 무의미하다. 엄마가 조금이라도 젊었을 때 핸드폰으로 찍은 사진은 확대하면 화질이 떨어져서 제외하니까 팔순 잔치 때 DSLR 카메라로 찍은 사진 한 장 겨우 건졌다. 파일을 받아 본 사진사가 '포토샵으로 원하는 대로 사진을 수정해 주겠다'길래 검버섯과 주름살을 몽땅 없애고 입술도 핑크빛으로 해달라고 과욕을 부렸다. 아버지 영정사진과 나란히 놓아도 잘 어울리게 하고픈 흉중의 뜻을 알 리 없는 사진사는 나의 주문이 얼마나 황당했을까.

결국 입술은 어두운 핑크빛으로 톤다운 시키고 골 깊은 주름살은 연하게 하여 십 년 정도는 젊게 만들어서 완성했다. 암만 그래봤자 사진 속의 아버지와 엄마는 영락없이 모자지간처럼 보인다. 저세상에서 가서서 아버지와 잘 어울리는 피앙세의 나이로 돌아가 못다 한 부부의 정을 누리고 사시길 바랄 뿐이다.

　이제 영정사진도 준비했고 묫자리도 아버지와 합장하기로 동생들과 결정했으니 남은 날 최대한으로 엄마가 행복한 기억만을 간직한 채 떠나시게 해야겠다.

　※ 2020년 12월 20일에 어머니는 영면에 드셨습니다.

낭만과 통계

    비가 오면 많은 사람들이 삼겹살과 파전이 생각난다고 한다. 기름 두른 팬에서 삼겹살이나 파전이 익어가는 소리가 마치 빗소리와 닮아서 그런 것 같다. 대리운전업체 K사의 통계자료에 의하면 최근 1년 동안 서울을 기준으로 강수량이 15mm 이상이었던 날과 그렇지 않은 날의 대리운전 호출을 비교해 보면 비 오는 날의 경우 평소 대비 10% 이상 증가하는 것으로 나타났다고 한다. 빗소리와 함께 삼겹살에 소주, 파전에 막걸리를 마시고 싶은 사람들의 욕구가 통계상의 숫자로 표현된 것이다.

    술과 기름진 음식을 그다지 즐기진 않지만 비 오는 날이면 나도 왠지 그들의 낭만에 동참하고 싶어진다. 하지만 빗줄기가 흩어지는 창가에 앉아 음악을 들으며 커피나 한잔하는 게 고작이다. 아니 그것만으로도 충분히 감사하고 행복해할 일이다. 형형색색의 우산을 쓰고 건널목을 건너는 사람들과 비에 젖어 물빛으로 반짝이는 자동차들, 그 너머로 풀빛 수목이 우거진 공원의 풍경이 보이는 나의 집 창가에서 커피를 마시며 낭만적인 습도의 촉촉함을 즐긴다는 것이 얼마나 복에 겨운 일인지.

오래전 할머니는 우리 집에 와 계시는 날에 비가 오면 급히 짐을 챙겨 문밖을 나선다. '좀 더 계시다가 가시라'고 붙드는 엄마를 뿌리치며 하는 말, "비가 오면 도회지는 처마 밑으로 달랑 신발만 들여놓으면 되지. 촌에는 할 일이 태산 같다. 비닐하우스에 거적대기도 덮어야 하고 비바람에 낙과落果할까 봐 가슴이 철렁거려 안 되겠다. 얼른 가야지."

방학이면 할머니 댁에 가서 흔히 보는 일들이라 어린 나이지만 할머니의 그 한숨 섞인 말의 의미를 알 것 같았다. 천둥 번개와 폭우가 쏟아지던 날 흠뻑 젖은 모습으로 들판에서 돌아와 가마솥 뚜껑에 부추전을 부쳐주시던 할머니가 내겐 비 오는 날의 낭만의 정점이었다. 부추전 굽는 소리가 빗소리처럼 피어오르던 그 시골집 부뚜막과 흙마당에 춤추듯 흘러가며 깊은 골을 파헤치는 빗물을 턱 괴고 바라보던 대청마루의 눅눅함도 그렇다. 들길에서 소나기를 만나면 커다란 연잎을 따다 망토처럼 어깨에 둘러주고 우산 대신 머리에 씌어주던 할머니. 비바람 맞아가며 애써 키우던 소출을 팔아서 사주신 노란색 우의와 장화를 신고 거울 앞에 서서 비 오는 날을 손꼽아 기다리던 유년시절의 낭만 어린 추억이다.

어느 여가수의 노랫말처럼 '비가 오면 생각나는 그 사람' 같은 추억은 내겐 없지만 할머니의 고달픈 시간과 연상되어 떠오르는 나만의 우요일雨曜日.

쏟아지는 빗줄기를 피해 뛰어들던 짧은 처마 밑에서 비에 젖지 않으려고 까치발 세우던 시간처럼 안간힘을 다해 세월의 강을 건너왔다.

이제는 오랜 통계와 첨단 과학 덕분에 스마트폰의 날씨 정보만으로 갑자기 비를 피해 아슬아슬하게 짧은 처마 밑을 찾을 필요가 없어졌다. 생판 남끼리 우산을 나눠 쓰다가 인연이 이어지는 낭만도 사라진 지 오래다. 자동개폐 기능의 비닐하우스는 거적대기 덮으러 들판으로 황급하게 쫓아나가던 할머니의 신산스런 세월을 아련한 흑백 영화로 만들어버렸다. 비 오는 날 골목 안의 이웃끼리 수제비 끓이고 파전 부쳐서 나눠 먹던 낭만은 SNS로 번개처럼 빠르게 만나 밤늦도록 삼겹살과 파전으로 소주를 마시고 대리운전으로 안전하게 귀가하는 낭만으로 진화되었다.

소비자의 욕구에 대한 데이터에 의해 개발된 각종 애플리케이션으로 모든 낭만은 점점 더 편리한 방식으로 누릴 수 있게 변해간다. 딱딱한 통계 뒤에 숨어있는 말랑말랑한 낭만을 찾아 나서야 하는 시대가 도래한 것이다.

최백호의 「낭만에 대하여」 노랫말처럼 '궂은 비 내리던 날 그야말로 옛날식 다방'에 비 맞으며 직접 가지 않아도, '새빨간 립스틱에 나름대로 멋을 부린 마담에게 실없이 던지는 농담 사이로 짙은 색소폰 소리'가 흐르는 낭만의 풍경을 애플리케이션으로 누릴 날이 머잖은 것 같다. 통계를 통하여 알고리즘으로 상품이 된 낭만을 전자화폐로 결제하는 시대가 다가오고 있는 것 같아 쓸쓸해진다.

동글아미 6인 수필집
그녀 옆 그녀

초판 1쇄 발행 2023년 3월 10일

지은이 | 김정희 민현옥 임옥진 정순인 주기영 홍현숙
펴낸이 | 박서영
펴낸곳 | 한국산문

편집 | 정진희 박윤정
디자인 | 남미화 정보라

등록 | 제2013-000054호
주소 | (우 03131) 서울특별시 종로구 율곡로6길 36, 207호, 208호
전화 | 02-707-3071   팩스 | 02-707-3072
이메일 | koreaessay@hanmail.net

ISBN 979-11-978710-6-1 (03810)
ⓒ 김정희, 민현옥, 임옥진, 정순인, 주기영, 홍현숙 2023

* 책값은 뒤표지에 있습니다.
  잘못 만들어진 책은 교환해 드립니다.
  이 책 내용의 일부 또는 전부를 재사용하시려면 반드시 저작권자의 동의를 얻어야 합니다.